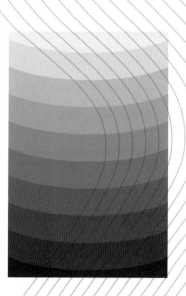

大乘止觀法門之研究

聖嚴法師 著

前言

當我剛把碩士論文，向學校提出之後，便接到東老人的來信，要我把論文抄一份寄回臺灣，送請樂觀老法師在《海潮音》發表，這當然是我應做而想做的事，同時也感激東老人對我留日以來的關心如此。

其實，我在留日以來的二十個月之中，要想寫出如何精彩的論文，殊不容易。因在第一年中，僅在對於日本語文上，已花了很多精力，另外又得趕學校的碩士課程，忙著趕完兩年之中必須修完的功課，還得抽時間寫些報導日本佛教現況的文字，寄回國內及香港發表。但當第一年的緊張過程剛結束，第二年一開始，就要準備學位論文的撰寫了，近世以來的日本論文，完全學西洋方法，學會了很省力，但在從未用過這種方法的人，相當吃力，於是到處找資料，到處拜訪請教有關的名學者，加緊閱讀，加緊查檢各種工具書。不用諱言，直到現在，對於日文參考書，仍得勤於查字典辭書，始能完全讀通。在此期間，我曾兩度去成田山的圖書館，找明治時代以迄二次大戰之後的日本舊雜誌，至於東京都內的佛教學關係大學如東大、東洋、立正、大正、駒澤各圖書館自不用說了。可憂的是近代日本學者之中，對於《大乘止觀法門》這部書的專家，簡直沒有一個，我的校長，也是我的指導教授坂本幸男博士，他是正在拿這部書作教本，向我們碩士及博士班講授的，當他知道我選擇了這個論題之時，甚至也勸我另選一個題目。後來他看了我送的兩種書，才對我放了心。但我訪問另外幾位名學者時，收穫均不太理想，例如大正大學的關口真大博士，乃是研究天台止觀的權威學者，但他對於我寫的《大乘止觀》，也是愛莫能助。另外一位已逾八十高齡的二宮守人先生，他是天台宗的勸學，然他對於天台以前的本書，也僅對我做了幾點原則性的啟示。

但是，經過六個月的努力，不論寫得夠不夠分量，總算寫成了兩百數十張原稿的論文。而且大膽地直接用日文寫出來。當然，僅以十多個月的語文訓練之後，要想把它寫得優美，根本不可能，甚至在遣用動詞及形容詞的變化之時，往往也要鬧出笑話來。所以當我初稿寫完後，即有一位駒澤大學的佐藤達玄教授，為我做了潤色的工作，佐藤先生也僅四十六歲，和我之間，互為師友，是我留日以來，最好的日本朋友之一。最後，又有熱心的大正大學的牛場真玄先生，為我做更進一步的文字修正。可惜牛場先生為我修正時，我的論文清稿已向學校提呈出去了。然他是日文法的專家，故在他所修正的原稿上，使我看了之後的日文修養，又向前邁進了一大步。

說起以上幾位日本教授，真是感念無已，他們對於我的論文的關心，好像就是他們自己的事那樣，不但見面時問我，甚至常用電話問我。他們對我的關切，更使我不敢自棄，結果，文章雖然不能真正算是我個人的，論文的內容、資料，是我找來組織成的，文中的思想和考察，也是我自己的。故當坂本博士及副指導教授野村耀昌博士，看完我的初稿時，就使我得了幾句聽來很悅耳的話。

不用說，日本教授對一個外國比丘說幾句鼓勵的話，不足為奇，我也不以為這篇長達八萬字左右的論文，是一篇夠上國際水準的東西，但是敝帚自珍，且為向資助我留日費用以及關心我的師友們，表示謝意，還是把它譯成了中文，向諸高賢請教。

至於我為什麼要選擇這個論題？因為我是中國沙門，我的目標仍為中國佛教的前途。誰都知道，我國佛教，一向注重學行兼顧或悲智雙運，以實踐佛陀的根本教義或菩薩精神的自利利他法門，古來宗匠，無一不是沿著這條路線在走，東老人也嘗以寧做宗教家而勿做研究宗教的學者期勉。而在今天的日本，就是把佛陀的教義當作了學術化，把《大藏經》看作研究用的資料，所謂學以致用，他們僅把自己的研究考證的論文，做為謀取職業地位以及生活之資的工具，並非拿來做為自己修證的指針。實則，若不實修實證，根本談不上對於佛法的理解，這一點在日本的現代學者們也不否認。因為實際的生活環境，迫使他們無法如實修證，所以近世的日本學者之中，僅有資料排比、文字考校、系統整理和歷史觀點的核對，卻沒有一個是偉大的思想家，更沒有一位偉大崇高的宗教家。例如東京帝國大學的中村元博士，在現前的日本佛教學界，已沒有比他出版著作更多的人了，但在日本學術界僅以「資料的寶庫」來讚美他，而非大宗教家，此與中國佛教及儒家正統的學者們比較，未免不夠深度或厚度了。

因此，《大乘止觀法門》這部書，在日本雖無專門研究它的學者，卻有零星的考證文字發表於戰前的一些佛教刊物，他們從文字及浮面的思想架構看這本書，以致懷疑非出於慧思禪師的述作。但是經我的研究之後，這部書確是慧思禪師晚年集其畢生思想的大成之作。在其由教義的疏導而進入教儀的實修之諄諄善誘下，能使一個凡人，深入法海，親證法性。所以當我研究了它之後，既可向學校的要求繳卷，又可做為自己自修方便的依準。同時，此書在我國教界，弘揚的人也很少，藉此機緣，向國內教界，借花獻佛，期收拋磚引玉之效。

一九七一年佛誕日於東京斗室

目錄

第一章　《大乘止觀法門》的組織及其內容

第一節　本書的組織

《大乘止觀法門》，略稱為《大乘止觀》（以下簡稱本書），是以闡述大乘止觀之法為主的一部論書❶。本書是以如來藏緣起思想為基礎，除了以論述心意識論中的真妄和合的本識為其中心體系之外，另外刻意說到以染淨二性為中心的一個體系。並且以此兩個體系，互為表裡，而在後者之中，常常表露出性惡思想的傾向。最後以三性及三無性思想之展開，達到「除妄成真」與「全真起妄」的目的。

說到本書的組織，共分三大科目，即是略標大綱、廣作分別、歷事指點。這與一般經論之以序分、正宗分、流通分的形式，大致相同。所以本書的中心內容，在於廣作分別一科。其中又分作「五番建立」，以說明大乘止觀法門。

所謂五番建立，便是：止觀依止、止觀境界、止觀體狀、止觀斷得、止觀作用。現在逐條說明如下：

第一，止觀依止者，即是說，若修止觀法門，便先依止「一心」。本書所舉一心的別名有好多，例如自性清淨心、真如、佛性、如來藏、法界、法性等都是，這也正是所謂「真常唯心論」的基本立場了❷。在本書之中，特別又將佛性分解為「如如佛」及「智慧佛」，用以說明「迷真起妄」及「返妄歸真」之「覺」與「不覺」的道理。這種理論觀點，大致是受了《大乘起信論》（以下簡稱《起信論》）所說三細六麤之要義的影響而來。

其次，止觀依止的「淨心」體狀，又有三種差別：一謂此心是第一義諦的真如心，從本以來，即離一切名相，一切能緣能說的諸分別法。二謂此心雖離一切分別及境界之相，而與彼之諸相法不一不異。三舉空與不空二種如來藏義，以廣辨「真如」之義。

所謂「空如來藏」，即是此一心性，雖能緣起生死、涅槃及違、順等法之建立，而復同時心體平等，妙絕染淨之相，心性既寂，故名「空如來藏」，但此並不是說心體之空無所有，所以其次又說到「不空如來藏」。乃以此心具有染淨二法，故名不空。所謂淨法，是指具足無漏性功德法以及出障離塵的淨法；所謂染法，是指出障聖人為能方便度化眾生，故具染性，眾生未出生死，乃具染事。復以如來藏體之一異而辨其實有，其中又舉出圓融無礙及差別、因果法身之名別、在障出障之義殊、事用相攝之相狀、治惑受報之不同、共相識與不共相識之相異等六種理由，來證明如來藏體之實有。

如果加以考察，此一理論的根據，無非是以《起信論》的立場為立場的。所以本書也經常引用《起信論》做為其立論的註腳❸。在說明不空如來藏的項目之中，本書有如下的一段文字：「如來之藏，從本已來，俱時具有染淨二性，以具染性故，能現一切眾生等染事，故以此藏為在障本住法身，亦名佛性。復具淨性故，能現一切諸佛等淨德。故以此藏為出障法身，亦名性淨法身，亦名性淨涅槃也。」❹

此中所說「如來之藏，從本已來，俱時具有染淨二性」的論點，乃是由來所謂「性惡論」問題上的最足注目之處，因為這是佛教史上最初出現的性惡論思想。因此推定，天台智顗的性具思想，也是受了此一性染說的啟示而成立❺。

再說，何以要依止「一心」而修大乘止觀？因為此心既是一切世出世法的根本，若捨此根本，即無從修習。至於修習大乘止觀的下手處，又得從一心分別出現的意識上用工夫。

第二，止觀境界者，即以真實性、依他性及分別性，做為大乘止觀的所觀境。其中以出障真如及佛之淨德，名為真實性；在障之真如與染和合而成的阿梨耶識，名為依他性；六、七二識的妄想分別，名為分別性。又因本書所說的三自性，各各具有清淨及染濁的兩面作用，故與唯識論所說的三自性，略有不同，本書的三性既具染淨兩面的功能，所以泛通十法界，唯識論的三性則唯局凡夫。同時，本書的立場，是基於一個清淨心或真如心，從而說明三自性的內容，因此，也與唯識論的立場不盡相同了。例如本書卷三說：「無垢真實性者，體顯離障為義，即是體也。清淨依他性者，能隨熏力，淨德差別，起現為事，即是相也。清淨分別性者，對緣施設為能，即是用也。」❻

這種論點，一看可知，是引用了《起信論》中所說體、相、用三大的各相❼。但是，若將本書和唯識論對此三性所明之定義，做一比較，便可明白兩者之間，並不完全相同，因為我們發現本書卷二，對此觀點，有如下的申論：「所言一切凡聖唯以一心為體者，此心就體相論之，有其二種：一者真如平等心，此是體也，即是一切凡聖平等共相法身。二者阿梨耶識，即是相也，就此阿梨耶識中，復有二種，一者清淨分依他性，亦名清淨和合識，即是一切聖人體也；二者染濁分依他性，亦名染濁和合識，即是一切眾生體也。此二種依他性，雖有用別，而體融一味，唯是一真如平等心也。」[8]

這種說法，大致是根據大乘論學者們所說阿梨耶識分有解性及染汙之兩面功能而來。不僅如此，其他如本書所揭的種子說及三性說的理論，均係受了《攝大乘論》的影響而來[9]。因此，本書的目的，在於指導行者如何修持大乘止觀法門，以及說明大乘止觀法門的偉大作用，在斷惑證真，本書的理論基礎，則在運用了《起信論》的如來藏緣起或真如緣起，以及《攝大乘論》的三自性三無性說。本來，《起信論》屬於唯心系統的重要論書，《攝大乘論》屬唯識系統的重要論書，兩者並不能夠結合，但以本書著述者的智慧運用，卻把唯心系統《起信論》的真如緣起做為修行大乘止觀法門的依止心，藉此強固的唯一清淨心為所依止，起修大乘止觀法門；同時再引用《攝大乘論》的三自性觀法，做為修習大乘止觀法門的手段，至於唯心、唯識的問題，不是本書所要推敲的焦點，所以不致發生矛盾及不調和的現象。

第三，止觀體狀者，即是修習大乘止觀法門的入門步驟。其分二門：一約染濁的三性而說，二約清淨的三性作釋。在此二門之中，又各各分為分別性、依他性、真實性，一一詳述由觀入止，及從止起觀的過程。此與前番「止觀境界」的內容所不同者，「止觀境界」項中，是以三性來表現出「唯一真如心」的存在。此番的「止觀體狀」項中，是說明如何由三性而入三無性的方法，也就是轉「分別性」成「無相性」，轉「依他性」為「無生性」，轉「真實性」作「無性性」。入於三無性時，即是止行成就，安住常寂之境，再由止起觀，即於定中，興起三業大用，救濟世間，化現十方。

第四，止觀斷得者，即是說明修習大乘止觀法門之後，逐步斷除惑障，逐步獲得實益。此也依據三性次第，首先約分別性，次約依他性，後約真實性的止觀修習，而得各各層次中的斷惑證真的成果。事實上，能夠滅除惑障，當下便得法樂之益，所以本書也就詳於斷障的分析，而略於得益的說明。

第五，止觀作用者，即是說明大乘止觀法門修到有成就時，所產生的功用。假如止行成就，即能體證淨心的理融無二之實相法性，與一切眾生，圓同一相之身。三寶於是混爾無三，二諦自此莽然不二，用無用相，動無動相，因為一切法本來平等，法爾如是。若得觀行成就，即因淨心體顯，而使法界無礙之三業大用，自然出生，一切染淨之大能，即得興起，做大供養，滿無邊剎土，奉獻三寶，惠施四生，及以吸風藏火，放光動地，引短促長，五通示現，三輪顯化。所以，凡能依據本書所示方便，依教奉行，即能一口吸盡法海之水。

最後的「歷事指點」即是將吾人的日常生活，禮佛、吃飯、飲水，乃至大小便利等的活動，全部納入修行大乘止觀法門的軌跡之中，各各分為止觀二門，勸令奉行，此也正是後來中國禪宗所說，擔柴搬水、吃喝拉撒，無不是禪的思想源流之一。

因此，《大乘止觀》一書，既是天台教學以及性具思想的濫觴，也是禪宗思想的先鋒。所以這是出自中國人之手的最早一部綜合性的佛學鉅著。可惜在我國佛教史上，重視這部鉅著的人，並不太多。

註解

❶ 蕅益大師的《大乘止觀釋要》卷四說：「但達依止一心而修，即名大乘止觀；不達依止一心而修，乃成小乘止觀。」（《卍續藏》九十八．九三六頁下）

❷ 印順法師的《印度之佛教》第十五章參考。拙著《印度佛教史》第九章第三節。

❸ 在《大乘止觀》一書之中，已經判明確定了的，引用《起信論》做為論證的，達八次之多，而在「不空如來藏」的一節之內，即引了三次。

❹ 本書卷二，《大正新脩大藏經》（以下簡稱《大正》）四十六．六四七頁下。

❺ 安藤俊雄氏的《天台學——根本思想とその展開》一六九——一七〇頁。《望月佛教大辭典》三三一七〇頁中。

❻ 《大正》四十六．六五六頁中。

❼ 《大正》三十二．五七五頁下。

❽ 《大正》四十六．六五二頁中—下。《望月佛教大辭典》三三一七〇頁中—下。

❾ 《望月佛教大辭典》三三一七〇頁下。

第二節　本書徵引的經論詳考

關於本書之中，引用各種經論做旁證的次數，已被明瞭的共計五十多處，其中尚有不少地方，不知出於何典，且待再加尋檢，現在暫作如下的逐條標列，以使學者得其大要。

凡例：本文所舉各條，均標明出於何典，在《大正》的哪一卷，哪一頁的哪一欄，以便查檢。同時，於每條之下分列如次的四個項目，研判引舉。

(A)項標明本書中的位置。

(B)項標明被引原典的名稱及其位置所在。

(C)項係與所引原典文字有出入的場合，即將原典的相似之內容抄示出來。

(D)項是摘要。

(1)《起信論》言：「一切諸法，從本已來，離言說相，離名字相，離心緣相，畢竟平等，無有變異，不可破壞。唯是一心，故名真如。」

(A)《大正》四十六．六四二頁中。

(B)《大乘起信論》（陳真諦三藏譯本），《大正》三十二．五七六頁上，少一「諸」字。

(2)經言：「一切無涅槃，無有涅槃佛，無有佛涅槃，遠離覺所覺；若有若無有，是二悉俱離。」

(A)《大正》四十六．六四二頁中。

(B)此為《楞伽阿跋多羅寶經》卷一之偈，《大正》十六・四八〇頁中。
(C)《楞伽經》共有四譯，但初譯已不存，今之三譯，與本書所引之偈相當者，現將其三種譯本所出，分列如次：
(a)《楞伽阿跋多羅寶經》（求那跋陀羅譯）卷一之偈，與本書所引者一致。
(b)《入楞伽經》（菩提流支譯）卷一，《大正》十六・五一九頁上：「佛不入不滅，涅槃亦不住；離覺所覺法，有無二俱離。」
(c)《大乘入楞伽經》（實叉難陀譯）卷一，《大正》十六・五九〇頁下：「佛不住涅槃，涅槃不住佛；遠離覺所覺，若有若非有。」
(3)經言：「於緣中癡。」
(A)《大正》四十六・六四二頁下。
(B)晉譯六十卷《華嚴經》（東晉佛馱跋陀羅譯。《華嚴經》共有三譯，此為最早，次為唐之實叉難陀譯出的八十卷，後為唐之般若譯出的四十卷。然本書著述者，未及見到二、三兩譯）〈十地品〉第六現前地，《大正》九・五五八頁下。

(C)原典文句為：「又無明有二種作，一者緣中癡，二者為行作因。」

(D)若與《八十華嚴》及《四十華嚴》的譯文對勘，則不相同，然以本書成立的年代考察，寧依《六十華嚴》為妥。另參閱異譯《華嚴經》之《大正》十・一九四頁上及同卷五五三頁上。

(4)經言：「其地壞者，彼亦隨壞。」

(A)《大正》四十六・六四三頁中。

(B)《勝鬘師子吼一乘大方便方廣經・一乘章》（求那跋陀羅譯），《大正》十二・二二〇頁中。

(C)所謂「地」者，即是無明住地。原典為：「若地壞者，彼亦隨壞。」

(5)經偈云：「心佛及眾生，是三無差別。」

(A)《大正》四十六・六四三頁下。

(B)晉譯六十卷《華嚴經・夜摩天宮菩薩說偈品》的偈子。《大正》九・四六五頁下。

(C)此偈縱然與《八十華嚴》的譯文對比，意思也無相異之處。可參閱《大正》十・一〇二頁上。

(6)經言：「明與無明，其性無二，無二之性，即是實性也。」
(A)《大正》四十六・六四四頁上。
(B)原典不明。
(C)但在《諸法無行經》卷上（《大正》十五・七五一頁上），有類似的經句：「明無明一相，知是為世尊。」
(7)經言：「生死依如來藏，即是法身藏也。」
(A)《大正》四十六・六四四頁中。
(B)《勝鬘師子吼一乘大方便方廣經・自性清淨章第十三》。《大正》十二・二二二頁中。
(C)該經原文為：「世尊，生死者依如來藏。……世尊，如來藏者是法界藏，法身藏。」
(8)經云：「如來藏者，是善不善因。」
(A)《大正》四十六・六四四頁中。
(B)《楞伽阿跋多羅寶經》卷四。《大正》十六・五一〇頁中。
(C)原典為：「如來之藏，是善不善因。」

(D)《入楞伽經》（《大正》十六・五五六頁中）則全同於四卷本的《楞伽經》，而在《大乘入楞伽經》，乃謂「如來藏是善不善因」（《大正》十六・六一九頁下）。本書引文，不云「如來之藏」而說「如來藏者」，意義應同於唐實叉難陀所譯的「如來藏是善不善因」，但以本書作者的年代而言，不該見到唐譯本的《大乘入楞伽經》，或慧思禪師另有梵本的依據嗎？

(9)又復經言：「心性是一，云何能生種種果報？」

(A)《大正》四十六・六四四頁中。

(B)晉譯六十卷《華嚴經・菩薩明難品》。《大正》九・四二七頁上。

(C)此與《八十華嚴》相勘，在《大正》十・六十六頁上是如此的：「心性是一，云何見有種種差別？」

(10)又復經言：「諸佛正遍知海，從心想而生也。」

(A)《大正》四十六・六四四頁中。

(B)典出《觀無量壽經》。《大正》十二・三四三頁上。少一個「而」字。

(11)故云：「言語道斷，心行處滅。」

(A)《大正》四十六．六四四頁下。

(B)晉譯六十卷《華嚴經．如來光明覺品》。《大正》九．四二四頁下。

(C)原文為：「言語道斷行處滅。」少一個「心」字。

(D)《六十華嚴》卷十一，是「究竟三世，皆悉無性，言語道斷。」《大正》九．四六九頁上。但是本書引用的「言語道斷，心行處滅」之句，確與《瓔珞本業經》所引《華嚴經》經句相同。

(12)經言：「流轉即生死，不轉是涅槃，生死及涅槃，二俱不可得。」

(A)《大正》四十六．六四五頁中。

(B)原典似出於晉譯六十卷《華嚴經．菩薩雲集妙勝殿上說偈品》，《大正》九．四四三頁下。原文為：「流轉則生死，非轉是涅槃，生死及涅槃，二皆不可得。」

(13)又復經言：「五陰如幻，乃至大般涅槃如幻，若有法過涅槃者，我亦說彼如幻。」

(A)《大正》四十六．六四五頁中。

(B)出典不明，但般若系列有不少類似的經句，例如：《放光般若》卷六〈如幻品〉，《摩訶般若波羅蜜經》卷八〈幻聽品〉，《小品般若》卷一〈釋提桓因品〉等。

(14)又復經言：「一切無涅槃，無有涅槃佛，無有佛涅槃。」

(A)《大正》四十六．六四五頁中。

(B)出典同第二條。

(15)「如《起信論》廣明也。」

(A)《大正》四十六．六四六頁上。

(B)此係指的《大乘起信論》（真諦譯）的釋義二所明。《大正》三十二．五七九頁上，有如下的一段文字：「從本已來，性自滿足一切功德。所謂自體有大智慧光明義故，遍照法界義故，真實識知義故，自性清淨心義故，常樂我淨義故，清涼不變自在義故。具足如是過於恆沙不離、不斷、不異，不思議佛法，乃至滿足，無有所少義故，名為如來藏，亦名如來法身。」

(C)本書未引全文，僅徵其大意。

(16)論言：「若眾生無佛性者，設使修道，亦不成佛。」

(A)《大正》四十六．六四六頁中。

(B)出典未詳。

(17)經云：「心性是一，云何能生種種果報，即是能生生死？」

(A)《大正》四十六．六四六頁中。

(B)出典考證同第九條。

(18)又復經言：「即是法身流轉五道，說名眾生，即是能作生死也。」

(A)《大正》四十六．六四六頁中。

(B)出典未詳。

(C)《佛說不增不減經》中，有類似的經文。《大正》十六．四六七頁中，有如下的一段：「舍利弗，即此法身，過於恆沙，無邊煩惱所纏，從無始世來，隨順世間，波浪漂流，往來生死，名為眾生。」因此，假如除了菩提流支所譯的《不增不減經》之外，沒有其他經典作依據的話，就是慧思禪師，將此經文引用大意而成了。

(19)經言：「清淨法中，不見一法增……煩惱法中，不見一法減。」

(A)《大正》四十六．六四六頁下。

(B)出典不明。

(20)「如似窮子，實從父生，父實追念，但以癡故，不知己從父生，復不知父意，雖在父舍，不認其父，名之為違。復為父誘說，經歷多年，乃知己從父生，復知父意，乃認家業，受父教敕，名之為順。」

(A)《大正》四十六．六四七頁中。

(B)此係取自《妙法蓮華經．信解品》的長者窮子之喻。《大正》九．十六頁中——十七頁中。

(C)取意引用，而非照文抄錄。

(21)《起信論》言：「因熏習鏡，謂如實不空，一切世間境界，悉於中現，不出、不入、不失、不壞，常住一心，以一切法即真實性故。」

(A)《大正》四十六．六四七頁中。

(B)《大乘起信論》（真諦譯）。《大正》三十二．五七六頁下。

(22)經言：「心佛及眾生，是三無差別。」

(A)《大正》四十六．六四八頁中。

(B)出典與第五條同。

(23)經言：「譬如明淨鏡，隨對面像現，各各不相知，業性亦如是。」

(A)《大正》四十六．六四八頁下。

(B)晉譯六十卷《華嚴經．菩薩明難品》。《大正》九．四二七頁下。

(C)《六十華嚴》的原文是：「猶如明淨鏡，隨其面像現，內外無所有，業性亦如是。」

(D)唐譯《八十華嚴》則與《六十華嚴》稍有出入，而更近似本書的引文，即在《大正》十．六十七頁上云：「譬如淨明鏡，隨其所對質，現像各不同，業性亦如是。」但以本書出現的年代而言，應依《六十華嚴》為其引文的出典，更為妥當。

(24)又復長行問云：「心性是一者，此據法性體融說為一也。云何能生種種果報者，謂不解無差別之差別，故言云何能生種種果報也。」

(A)《大正》四十六．六四八頁下。

(B)出典參同第九條。

(25)論云：「三者用大，能生世間出世間善惡因果故。」

(A)《大正》四十六．六四八頁下。

(B)《大乘起信論》（真諦譯）。《大正》三十二・五七五頁下。

(C)此謂「善惡因果」，但在《起信論》原文：「三者用大，能生一切世間出世間善因果故」，僅一「善」字，而本書引徵時，加了一個「惡」字，此與本書的性染說的立場，似有關係。唐之賢首國師的《起信論義記》中，也沒有「惡」之一字。

(D)了然的《宗圓記》卷四，《卍續藏》九十八・八二二頁上說：「今更下重說四，初法體相用者，名出起信，於生滅門，明此三大，今辨本識，故說此三。但彼相大，在淨在性，用大非惡在善，故立義中云：一者體大，謂一切真如平等，不增減故。二者相大，謂如來藏具足性功德故。三者用大，謂能生一切世間出世間善因果故。今文不局，相通性事染淨，用通善惡果因，其不同意，如辨不空藏中已明。」

(26)經言：「一切諸佛法身，唯是一法身者。」

(A)《大正》四十六・六四八頁下。

(B)晉譯六十卷《華嚴經・菩薩明難品》。《大正》九・四二九頁中，原文為：「一切諸佛身，唯是一法身。」

(27)修多羅證：「即此法身，流轉五道，說名眾生，反流盡源，說名為佛。」
(A)《大正》四十六．六四八頁下。
(B)出典不明，但是前兩句可參同第十八條。
(C)後兩句似出《不增不減經》的大意引用。如《大正》十六．四六七頁中有云：「舍利弗，即此法身，厭離世間，生死苦惱，棄捨一切諸有欲求，行十波羅蜜，攝八萬四千法門，修菩提行，名為菩薩。」
(28)論云：「平等真法界，佛不度眾生。」
(A)《大正》四十六．六四九頁上。
(B)典據未詳。
(29)經云：「而常修淨土，教化諸眾生。」
(A)《大正》四十六．六四九頁上。
(B)《維摩詰所說經．佛道品》，原文為：「而常修淨土，教化於群生。」《大正》十四．五五〇頁上。
(30)故云：「佛性大王，非造作法。」
(A)《大正》四十六．六四九頁中。

(B)出典不詳。

(31)經云：「一一塵中，顯現十方，一切佛土。」

(A)《大正》四十六．六五〇頁上。

(B)出典不詳。

(C)此似與《華嚴經．離世間品》的思想類同。

(32)又云：「三世一切劫，解之即一念。」

(A)《大正》四十六．六五〇頁上。

(B)出典未詳。

(C)同第三十一條。而晉譯《六十華嚴．普賢菩薩行品》也有類似的經偈：

「無量無數劫，解之即一念。」

(33)又復經言：「過去是未來，未來是現在。」

(A)《大正》四十六．六五〇頁上。

(B)出典不詳。

(C)雖不知其出典何自，觀其思想，似與《華嚴經》之教理，有密切的關係。晉譯《六十華嚴．普賢菩薩行品》有：「過去是未來，未來是過去。」及

《八十華嚴．普賢行品》亦有：「過去中未來，未來中現在」的經句。

(34)經言：「但治其病，而不除法。」

(A)《大正》四十六．六五一頁中。

(B)《維摩詰所說經．文殊師利問疾品》，原文為：「但除其病而不除法。」

《大正》十四．五四五頁上。

(35)經言：「由共相身故，一切諸佛，畢竟不成佛也。」

(A)《大正》四十六．六五一頁下。

(B)出典不詳。

(36)「如《法華》中所明，無量分身釋迦，俱現於世。」

(A)《大正》四十六．六五二頁上。

(B)係取意於《妙法蓮華經．從地踊出品》。《大正》九．三九頁下。

(37)又復經言：「一切諸佛身，唯是一法身。」

(A)《大正》四十六．六五二頁上。

(B)參同第二十六條。

(38)「若諸眾生法身，不反流盡源，即是佛法身者。」

(A)《大正》四十六・六五二頁上。
(B)義同第二十七條的後一半。

(39)「又復善才童子，自見遍十方佛前，悉有己身，爾時豈有多心為體耶。」
(A)《大正》四十六・六五二頁上。
(B)此雖不是整段的文字抄引，但很明顯，係指的《華嚴經・入法界品》中的內容。參看《大正》九・七八一頁中，「自見己身在諸佛所」。

(40)「但除其病而不除法。」
(A)《大正》四十六・六五三頁中。
(B)參同第三十四條。

(41)論言：「以依本覺故有不覺，依不覺故而有妄心，能知名義，為說本覺。故得始覺即同本覺，如實不有始覺之異也。」
(A)《大正》四十六・六五三頁下。
(B)《大乘起信論》（真諦譯）。《大正》三十二・五七六頁中—下。
(C)《起信論》的原文是：「始覺義者，依本覺故而有不覺，依不覺故說有始覺。又以覺心源故，名究意覺。（中略）若得無念者，則知心相，生住異滅，以無念等故，而實無有始覺之異。」

(42)論云：「不生不滅與生滅和合，說名阿梨耶識。」

(A)《大正》四十六．六五三頁下。

(B)《大乘起信論》（真諦譯）。《大正》三十二．五七六頁中。

(C)原典的文句是：「不生不滅與生滅和合，非一非異，名為阿梨耶識。」

(43)論云：「以種子時阿梨耶識與一切法作根本種子故。」

(A)《大正》四十六．六五三頁下。

(B)出典未詳。

(C)此在真諦三藏譯的《起信論》及《攝大乘論》中，均未見到。

(44)經云：「自性清淨心」，復言：「彼心為煩惱所染。」

(A)《大正》四十六．六五三頁下。

(B)見於《勝鬘師子吼一乘大方便方廣經．自性清淨章》。《大正》十二．二二二頁下。

(C)原典為：「謂自性清淨心，難可了知，彼心為煩惱所染，亦難了知。」

(45)論云：「阿梨耶識有二分，一者覺，二者不覺。」

(A)《大正》四十六・六五三頁下。

(B)《大乘起信論》（真諦譯）。《大正》三十二・五七六頁中。

(C)原典為：「名為阿梨耶識，此識有二種義，能攝一切法、生一切法，云何為二？一者覺義，二者不覺義。」

(46)論言：「心真如者，離心緣相。」

(A)《大正》四十六・六五四頁下。

(B)參同第一條。

(47)又復經言：「非識所能識，亦非心境界。」

(A)《大正》四十六・六五四頁下。

(B)晉譯六十卷《華嚴經・菩薩明難品》。《大正》九・四三〇頁上。

(48)經言：「一切法如幻。」

(A)《大正》四十六・六五八頁中。

(B)《楞伽阿跋多羅寶經》卷一。《大正》十六・四八〇頁上。

(C)這句經文，雖有《入楞伽經》（《大正》十六・五一九頁上）以及《大乘入楞伽經》（《大正》十六・五九〇頁下）中，均有出現，但以譯出的時間和本書成立的時代來考察，宜指四卷本的《楞伽阿跋多羅寶經》為其根據。然在《大乘止觀述記》二〇六頁，則說：「是故下引《如來藏經》為證。」一頗有疑問。此書有關引文出典的指認，往往錯誤，例如該書七十四頁說列於本文的第十二條，是出於《楞嚴經》偈，其實《楞嚴經》係由唐朝的般剌密帝譯於唐中宗神龍元年（西元七〇五年），和慧思禪師的年代（西元五一五—五七七年）相比，遲了一百數十年，豈會引用得到？這也許是執筆的誤聞而非出於諦閑大師的親口。

(49)經言：「是身如夢，為虛妄見。」

(A)《大正》四十六．六五八頁下。

(B)《維摩詰所說經．方便品》。《大正》十四．五三九頁中。

(50)經言：「文殊法常爾，法王唯一法，一切無礙人，一道出生死。一切諸佛身，唯是一法身。」

(A)《大正》四十六．六五九頁中—下。

(B)出處同第二十六條。

(51)經言：「菩薩若知，諸佛所有功德，即是己功德者，是為奇特之法。」

(A)《大正》四十六．六五九頁下。
(B)似出於《華嚴經．離世間品》。
(C)《大乘止觀述記》二二一頁：「是故下引《華嚴經》，證明其義。」
(52)經言：「與一切菩薩，同一善根藏。」
(A)《大正》四十六．六五九頁下。
(B)似出於《華嚴經．離世間品》。
(C)《大乘止觀述記》二二一頁說：「《華嚴．離世間品》言，於一切善根，生自善根想，乃至於一切如來，生無二想。」
(53)「即如窮子，不知父是己父，財是己財，故二十餘年，受貧窮苦，止宿草庵。」
(A)《大正》四十六．六五九頁下。
(B)參同第二十條。
(54)經言：「心造諸如來。」
(A)《大正》四十六．六六二頁下。
(B)出典同第五條。《大正》九．四六六頁上。

(55)經言：「聲聞曲見。」
(A)《大正》四十六・六六二頁下。
(B)出典不詳。
(56)經言：「是人行邪道，不能見如來。」
(A)《大正》四十六・六六二頁下。
(B)見於《金剛般若波羅蜜經》之偈。
(a)鳩摩羅什譯本。《大正》八・七五二頁上。
(b)菩提流支譯本。《大正》八・七五六頁中。
(57)經言：「供養於十方，無量億如來，諸佛及己身，無有分別相。」
(A)《大正》四十六・六六三頁中。
(B)《維摩詰所說經・佛道品》。《大正》十四・五四九頁下。
(58)經言：「以一食施一切，供養諸佛，及諸賢聖，然後可食。」
(A)《大正》四十六・六六三頁下。
(B)出典未明。

現在將本書中引用典據的次數與各章出現之多少，列表如下：

典據五十八次
- 止觀依止章　四十七次——(1)～(47)
- 止觀體狀章　六次——(48)～(53)
- 止觀禮佛章　四次——(54)～(57)
- 食時止觀章　一次(58)

由此可以明白，本書作述者於理論基礎的說明時，極其用力，先打好理論的底子之後，再導入大乘止觀法門的實際修持。我們若想理解慧思禪師述說本書之時的理論基礎，究竟立足於什麼立場，便當考察其所引論證之出於哪些經論了，不妨再將其所引各種典據的經教及條數，列表如次頁。

從本書所引經論次數之多少而言，則以《華嚴經》占第一位，其次為《起信論》，再次為《維摩經》及《楞伽經》，又次為《法華經》及《勝鬘經》。《華嚴經》與賢首宗、唯識宗有關聯，《起信論》則與天台宗、賢首宗、禪宗有關聯，《楞伽經》、《維摩經》及《金剛經》與禪宗有殊緣，《法華經》則為天台宗的根本教典。而南嶽大師本人，則為禪師，又是天台智者大師的法脈源流，由此可以想見，南嶽大師對於中國佛教的源頭開發，以及本書思想的形成，實應被尊為中國一大前所未見的功臣。

引用典據五十八次

- 已判明經者三十九次
  - 晉譯《六十華嚴》十四次
    - 〈如來光明覺品〉一次——(11)
    - 〈明難品〉八次——(9)(17)(23)(24)(26)(37)(47)(50)
    - 〈夜摩天宮菩薩說偈品〉三次——(5)(22)(54)
    - 〈十地品〉一次——(3)
    - 〈入法界品〉一次——(39)
  - 《法華經》三次——(20)(36)(53)
  - 《楞伽經》四次——(2)(8)(14)(48)
  - 《維摩經》五次——(29)(34)(40)(49)(57)
  - 《勝鬘經》三次——(4)(7)(44)
  - 《金剛經》一次——(56)
  - 《觀無量壽經》一次——(10)
  - 《起信論》八次——(1)(15)(21)(25)(41)(42)(45)(46)
- 尚未判明者十九次
  - 經文類似者十一次
    - 《華嚴經》六次——(12)(31)(32)(33)(51)(52)
    - 《不增不減經》三次——(18)(27)(38)
    - 《般若經》一次——(13)
    - 《諸法無行經》一次——(6)
  - 全然不明者八次——(16)(19)(28)(30)(35)(43)(55)(58)

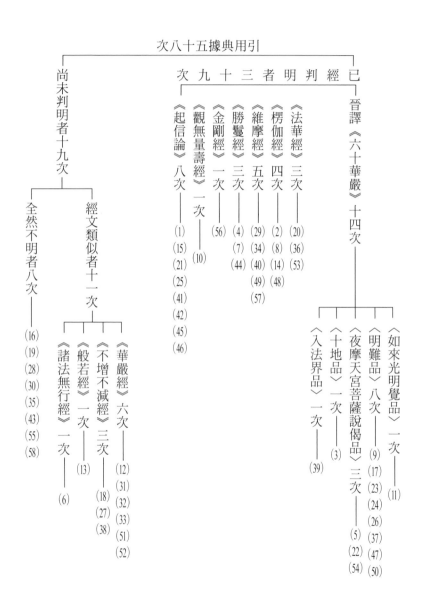

第三節　本書的表解說明

表解係用作理解本書的分科內容，在研究時及講解時，頗有必要，但其並非論文的表現。表解大抵按原文簡化，便於講解時的眉目分明。

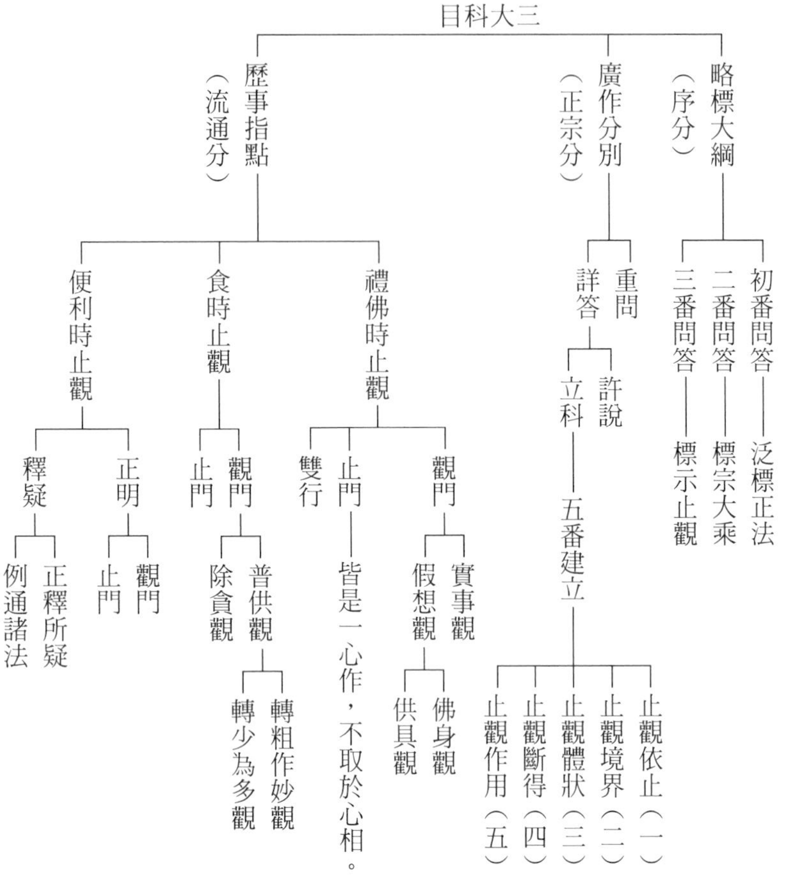
三大科目
略標大綱
（序分）
初番問答
泛標正法
二番問答
標宗大乘
三番問答
標示止觀
廣作分別
（正宗分）
重問
詳答
許說
立科
五番建立
止觀依止（一）
止觀境界（二）
止觀體狀（三）
止觀斷得（四）
止觀作用（五）
歷事指點
（流通分）
禮佛時止觀
觀門
實事觀
假想觀
佛身觀
供具觀
止門
皆是一心作，不取於心相。
雙行
食時止觀
觀門
普供觀
轉粗作妙觀
轉少為多觀
除貪觀
止門
便利時止觀
正明
觀門
止門
釋疑
正釋所疑
例通諸法

止依觀止明（一）

- 何所依止
  - 依止一心
    - 出眾名
      - 自性清淨心
      - 真如
      - 佛性
      - 法身
      - 如來藏
      - 法界
      - 法性
    - 釋名義（甲）
    - 辨體狀（乙）
  - 修止觀
- 何故依止
  - 正明
    - 修必依本——此心是一切法根本故。
    - 全性起修
      - 修止令心體離相——自利。
      - 修觀令心用繁興——利他。
  - 釋疑
    - 顯現繁興，非即流浪，但除情執之病，不除大用之法，熾然六道，權限無間，違用顯現，而復畢竟清淨不為世染，智慧照明，具足諸佛功德，順用顯現。
- 依止體狀
  - 以意識依止此心，修行止觀。
  - 止行體狀
    - 正明
      - 一切諸法自性寂靜，本來無相，有即非有，唯一真心，知此則意識即息，並轉本識為無分別智。
    - 釋疑
      - 上來言淨心及真心是體，今言本識及阿梨耶識、和合識、種子識、果報識是相，七識六識等是用。

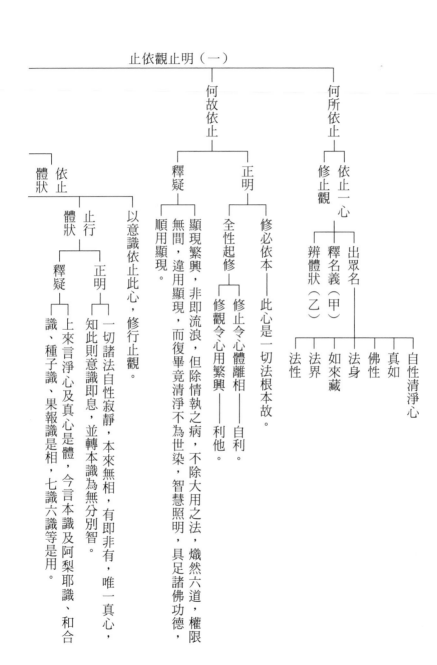

- 觀行體狀
  - 雖知一切法畢竟無相，復即知性依熏起，顯現諸法，不無虛相。
  - 但諸凡惑，無明覆意識故，不知諸法唯是心作，以不知故，流轉生死受種種苦。
- 以何依止
  - 破小乘人執
    - 正破
      - 二乘不知有。
      - 淨心依止。
    - 釋疑
      - 二乘自不知本識。
      - 非不假淨心而修。
  - 破大乘人執
    - 破名言
      - 但用淨心修行止觀。不藉意識者，不得寂照之用。要
      - 為意識轉成之無塵智熏無明盡滅，方得念息。
    - 破暗證（丙）
- 釋自性清淨心
  - 此心無始以來，雖為無明染法所覆，而性淨無改。
  - 既無無明染法與之相應，故名性淨。
  - 中實本覺，故名為心。
- 釋真如
  - 一切諸法，依此心有，望於諸法，法悉虛妄，故目之為真。虛法生時此心不生，諸法滅時此心不滅，故名之為真。三世諸佛及以眾生，同以此一淨心為體，凡聖有差別異相，此心無異無相，故名之為如。
  - 一切法真實如是唯是一心，故名此一心為真如。

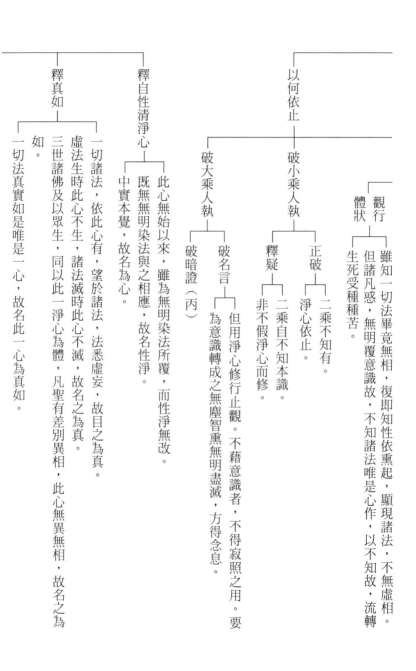

釋淨心名義（甲）

- 釋佛性（見表※）
- 釋法身
  - 法以功能為義，身以依止為義。
    此心體有隨染之用，故為一切染法之所熏習，能攝持熏習之氣，能依熏顯現染法，此心能持二種功能及所持所現二種染法，與心不一不異，故名此心為法身。
    能持之功能與所持之氣和合，名為子時阿梨耶識。
    依熏現法之能與所現之相和合，名為果報阿梨耶識。
  - 阿梨耶識
    - 染分——業與果報之相
    - 淨分——心性及能熏淨法——此心性為業果染事所依，故言：「生死依如來藏即是法身藏」。
  - 此心體為無量染法所覆，即復具足無量無漏功德法，能依熏顯現諸淨功德之用，故名此心為法身。
- 釋如來藏
  - 能藏
    - 如來果德法身
    - 眾生性德淨心
      - 染淨二性
      - 染淨二事
        - 無礙
          - 能藏——藏。
          - 藏體平等——如。
          - 平等緣起——來。
  - 所藏
    - 真心為無明鷇藏所覆藏故——藏。
    - 藏體無異無相——如。
    - 體備染淨二用——來。
  - 能生
    - 此心體具染淨二性之用，依染淨二種熏力，能生世出世間法——是善不善因——藏。

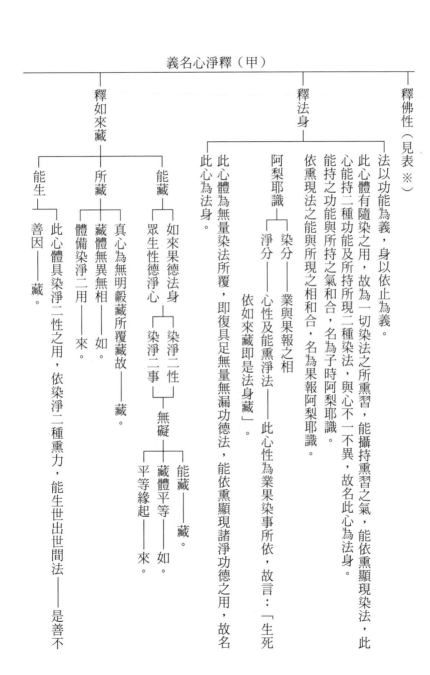

- 染淨平等──如。
- 能生染淨──來。

- 釋法界
  - 法──法爾
  - 界──性別
  - ──以此心體法爾具足一切諸法，故言法界。
- 釋法性
  - 以此淨心有差別之性，故能諸法作體──不變隨緣。
  - 諸法之相自有生滅，故名虛妄，此心真實，不改不滅，故名法性──隨緣不變。
- 實際、實相等
  - 真實無際
  - 實無妄想
- 略釋──佛名為覺，性名為心，以此淨心之體非是不覺，故說為覺心。
  - 約不覺辨
    - 直明心非不覺
      - 不覺即是無明住地。
      - 眾生成佛時無明自滅，淨心自在，故知淨心非是不覺。
      - 不覺滅故方證淨心，將知淨心非不覺也。
    - 雙顯二佛性義
      - 心體平等非覺非不覺，為明如如佛故，擬對說為覺也──偏就心體平等說也。
      - 此心體具
        - 無師智
        - 自然智
        - 無礙智
        - ──三智性，故以此心為覺性。
      - 本覺之義是用
        - 在凡名三智性、佛性，出障名智慧、
        - 佛。

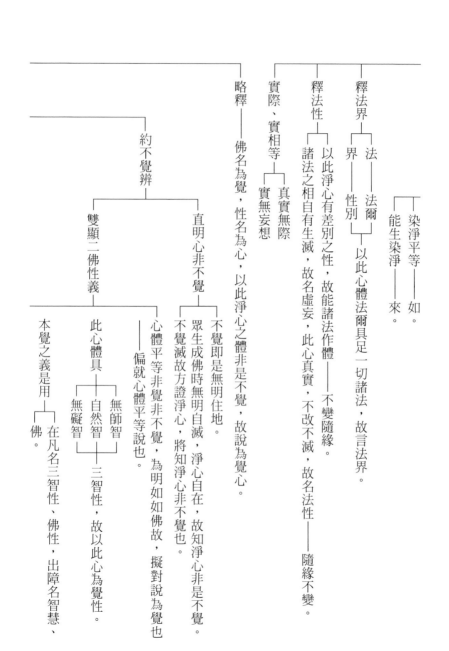

※釋佛性

- 廣辨
  - 心體平等之義是體——凡聖無二，名如如佛。
  - 約覺辨
    - 辨智慧佛性（見表卍）
    - 辨報應佛性
      - 淨心自體具足福德之性及巧用之性，復為淨業所熏出生報、應二佛。
    - 辨出障佛性
      - 不覺滅故，以心為覺，動義息故，說心不動；虛相泯故，言心無相。此就對治出障心體以論於覺。
    - 辨平等佛性
      - 淨心本無不覺，說為本覺，本無動變，說為本寂，本無虛相，說為心本平等。此就凡聖不二以明心體為如如佛。
- 釋疑
  - 釋執性廢修疑
    - 若就心體平等，無即修與不修，亦無覺與不覺，亦無眾生諸佛與此心體有異。
    - 心性緣起法界法門法爾不壞常平等常差別。常差別故流轉五道說名眾生，反流盡源，說名為佛。常平等故無佛無眾生。為緣起義故眾生須修道。
  - 釋本有不覺疑
    - 證者無有不覺，未證者不名為覺，故知心體本無不覺。心體平等無凡無聖，故說本無不覺，不無心性緣起，故有滅有證，有凡有聖。但證以順用入體，即無不覺，故得驗知心體本無不覺。
  - 釋自然因緣疑
    - 此心在染之時，本具福智二種之性，不少一法，與佛無異，但為無明染法所覆故，不得顯用。後得福智二種淨業所熏故，染法都盡。顯彼二性令成事用，所謂相好、依報、一切智等。

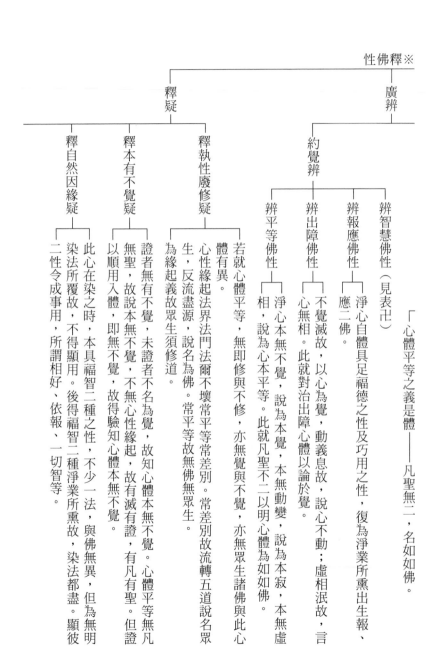

卍辨智慧佛性

- 釋無明心性疑
  - 問曰：「心顯成智即以心為佛性，心起不覺亦應以心為無明性。」
  - 答曰：「若就法性之義論之，亦得為無明性也。」
- 雙許二義——智慧佛者具有二義
  - 覺於淨心
  - 淨心自覺
  - ——雖言二義體無別也。
- 明二熏
  - 一切諸佛本在凡時心依熏變，不覺自動，顯現虛狀五陰塵。
  - 亦名
    - 似識（六七識）——五陰之受、想、行、識。
    - 似色
    - 似塵
    - ——五陰之色陰。
  - 由此似識念念起時，即不了知似色等法但是心作，妄執虛相以為實事。妄執之時即還熏淨心。
- 出名相
  - 似識不了
    - 果時無明
    - 迷境無明
    - ——是也。
  - 似識妄執
    - 即是
      - 妄想
      - 所執
      - 妄境
    - 即是
      - 子時無明。
      - 住地無明。
  - 妄想熏心即是業識。
  - 妄境熏心，令心成似塵種子
  - 似識熏心，令心成似識種子
  - ——此二種子名虛狀種子。

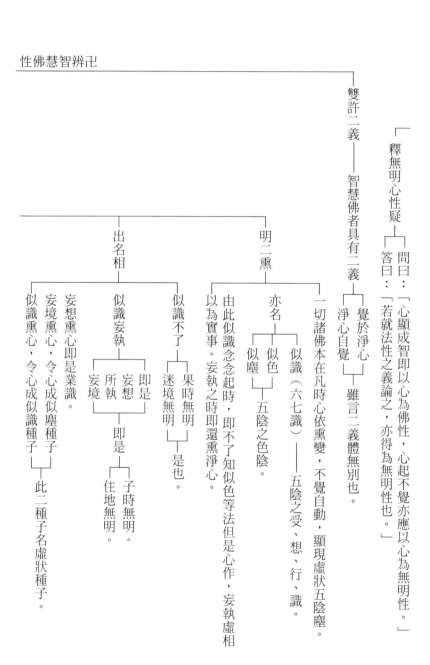

- 約修廣釋
  - 迷真起妄成不覺義
    - 明互依
      - 果時無明等要俱時和合故能熏也。
      - 若無似識即無果時無明／若無無明即無妄想，若無妄想即不成妄境——四種俱時和合，方現虛狀之果。
      - 以不相離故，以虛狀種子依子時無明住故，虛狀種子不能獨現果故。
      - 若無子時無明，即無業識；若無業識，虛狀種子不能顯現成果。
      - 是故虛狀果中還具似識似塵、虛妄無明妄執。故云不覺動現虛狀。
    - 結流轉——果子相生，無始流轉，名為眾生。
  - 能覺淨心義
    - 字覺——遇善友，聞說諸法皆一心作，似有無實。
    - 觀行覺
      - 聞法已，隨順修行。
      - 漸知諸法皆從心作，唯虛無實。
    - 相似覺（見表◎）。
    - 分真覺
      - 自迷事無明滅後，業識及住地無明漸薄故，所起虛狀果報亦轉輕妙。似識轉轉明利，似色等法復不令意識生迷，無塵智倍明，無明妄想極薄。還復熏心，復令住地無明業識習氣，漸欲向盡，無塵之智為倍明了。如是念念轉轉熏習，無明住地垂盡，無塵之智知彼

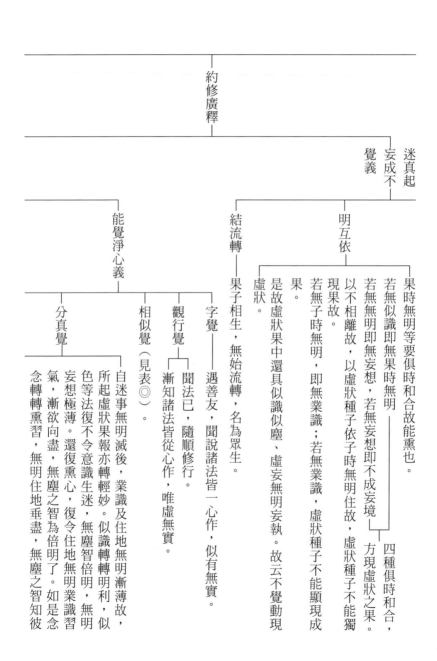

- 虛狀果報，體性非有，本不生今不滅，唯一心，心外無法故，此即金剛無礙智也。
- 返妄歸真具二覺義
  - 究竟覺
    - 無礙智成已，即復熏心，心為明智熏故，一念無明習氣即滅。無明盡，業識染法種子習氣亦隨壞。
  - 淨心自覺義
    - 種子習氣壞故，虛狀永泯，心體寂照名為體證真如。以無異法為能證故，即是寂照。
    - 無能證所證之別故，名為無分別智。
    - 智是心用，心是智體，體用一法，自性無二，故名自性體證。
- 舉喻結成
  - 如似水靜內照，照潤義殊，而常湛一，照潤潤照故，心亦如是。寂照義分，而體融無二，照寂寂照故。
  - 寂照——順用——體自照，名為淨心自覺
  - 照寂——順體——照自體，名為覺於淨心
    - 二義一體，以無分別智為覺也。
  - 淨心從本已來具此無分別智性，不增不減，故以淨心為佛性也。

覺似相◎
- 正明
  - 覺於通惑
    - 若解諸法皆從心作，唯虛無實，果時無明即滅，不執虛狀為實，即是妄想及妄境滅也，爾時意識轉名無塵智，知無實塵故。
  - 出別惑之相
    - 果時無明滅，猶見虛相之有。以不知有即非有，本性不生今即不滅，唯是一心，故亦名子時無明，亦名迷理無明。
    - 猶見有虛相，謂有異心，此執亦是妄想，亦名虛相，但細於前。

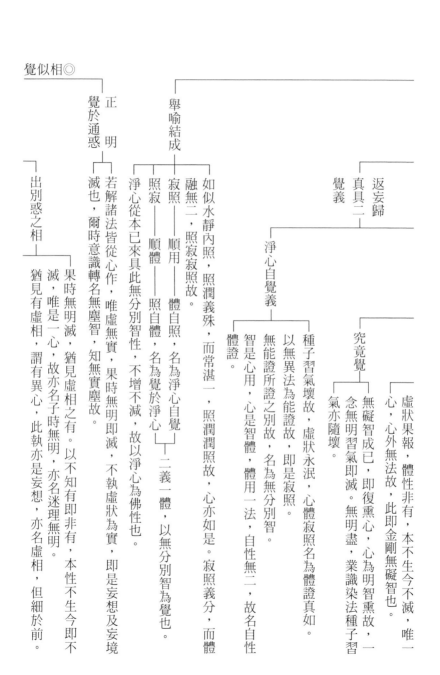

- 兼明漸除別惑
  - 此虛境以有細無明妄想所執故，似與心異，即是妄境，以其細故名為虛境。
  - 明漸除之由
    - 因末驗本
      - 果時迷事無明滅息，無明住地亦少分除也，但相微難彰，故不說住地分滅也。今且約迷事無明滅後，以說住地漸滅因由。
    - 正明滅由
      - 以二義故住地無明業識等微薄：
        1. 知境虛智熏心故，令舊無明住地習氣及業識等漸除也，智性能治無明故。
        2. 細無明虛執及虛境熏心故，雖更起無明住地等，即復輕弱，不同前迷境等所熏起者，以能熏微細故。
      - 以此義故，住地無明業識等漸已損滅也。
    - 例後結前
      - 如迷事無明滅後，無明住地即分滅。
      - 以其分分滅故，所起智慧分分增明，故得果時迷事無明滅也。
- 此心即是第一義諦真如心，自性圓融體備大用。但自覺聖智所知非情量能測，「言語道斷心行處滅」。唯可說其所離之相，反相滅相而自契焉。此心從本已來離一切相，離一切四句法，乃至非一切可說可念等法，亦非不可說不可念法。

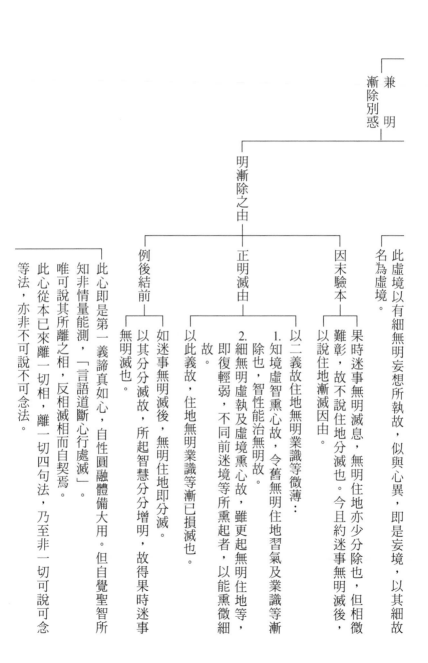

（乙）淨心體狀

- 舉離相以明淨心
  - 正明淨心離相
    - 但知所有可說可念，不可說不可念等法悉非淨心，但是淨心所現虛相。
    - 所有能緣能說者，但是虛妄不實。淨心既是實法，故不以緣慮所知也。
    - 有能緣所緣者，但為己家淨心為無始妄想所熏故，不能自知己性，即妄生分別。所取之相正是識相，非淨心也。
  - 巧示順入方便
    - 若知一切妄念分別，體是淨心。當觀一切諸法，一切緣念，有即非有，故名隨順。久久修習（止觀），若離分別即名得入，即是離相體證真如也。
- 舉不一不異以論法性
  - 淨心離一切分別及境界之相，然此諸相不異淨心。
  - 此心體雖復平等而即本具染淨二用。
  - 心體染用依無始無明妄想熏習顯現，此染虛相無體，唯是淨心，故說不異。
  - 淨心之體，但依熏力所現虛相差別不同，然此虛相，有生有滅，淨心之體常無生滅，常恆不變，故言不一。
- 舉二種如來藏以辨真如
  - 空如來藏（子）
  - 不空如來藏
    - 明具染淨二法以明不空（丑）。
    - 明藏體一異以釋實有（寅）。

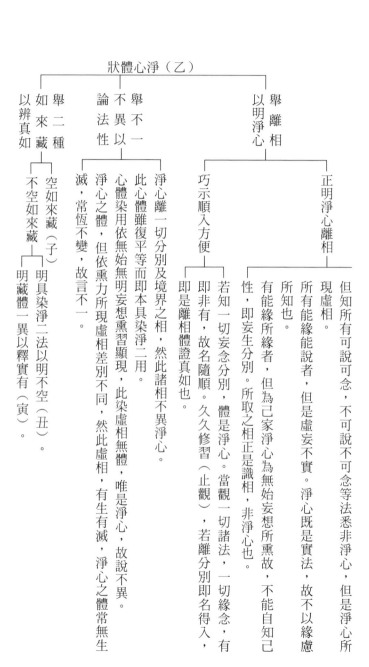

（子）空如來藏

- 正明空義
  - 何故名空，以此心性雖復緣起建立生死、涅槃、違順等法，而復心體平等妙絕染淨之相，所起染淨等法，亦復性自非有，但以染淨二業幻力所熏，故似染似淨二法現也。
  - 心性既寂，是故心體空淨，名心為空如來藏，非謂空無心體。
- 問答遣疑
  - 遣眾生現有疑
    - 諸佛體證淨心，可謂常用常寂，有即非有，眾生未證理體現有六道之殊，云何無耶？
    - 真智寂照，常用即常寂，說之為空，況迷闇妄見，何得不有，有即非有？
  - 遣何因迷妄疑
    - 既言非有何得有此迷妄？既得非有而妄見有，何為不得無迷而橫起迷？
    - 如眼因翳而見空花，然清淨眼中本無空花。
  - 遣無明有體疑
    - 無明既是染因，云何無耶？
    - 子果二種無明，本無自體，唯以淨心為體，但由熏習因緣，故有迷用，以心往攝，用即非有，唯是一心。
  - 遣能熏為體疑
    - 熏習因緣故有迷用，應以能熏之法作無明之體。能熏雖能熏他令起而即念念自滅，何得即作所起體耶？
    - 過去無明但能熏起後念無明，不得自體不滅即作後念無明也。

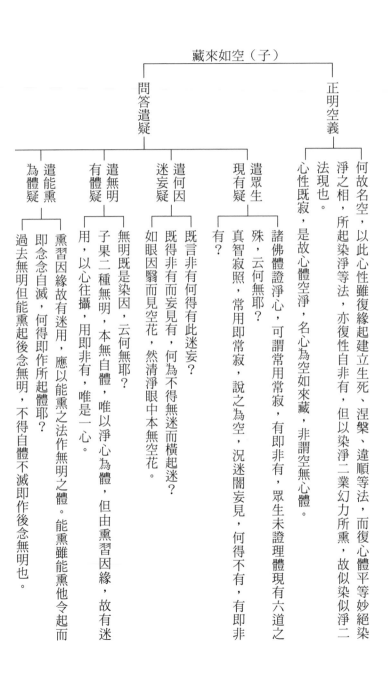

- 遣因果一異疑
  - 不一不異
    - 果時無明與妄想為一為異？
    - 子時無明與業識為一為異？
      - 不一不異。
  - 子時無明與業識
    - 淨心不覺故動，無不覺即不動；若無無明即無業識，又復動與不覺和合俱起，不可分別，故子時無明與業識不異也。
    - 不覺自是迷闇之義，過去果時無明熏起，故即以彼果時無明為因，動者自是變異之義，由妄想所熏起，故即以彼妄想為因也，是故子時無明與業識不一也。
  - 果時無明與妄想
    - 從子時無明生果時無明，即以子時無明為因，妄想從業識起，以業識為因，故無明妄想不一。
    - 若無無明即無妄想，若無妄想亦無無明，二法和合俱起，不可分別，是故不異。

- 明淨法不空
  - 具足無漏性功德法
    - 此淨心雖平等一味，體無差別，而復具有過恆沙數無漏性功德法——自性有大智慧光明，真實識知，常樂我淨等義，唯是一心具有，故名不空。
  - 果性唯心所具
    - 此淨心體具性淨功德，故能攝持淨業熏習之力，由熏力故德用顯現。
    - 以因地加行般若智業，熏於三種智性，令起用顯現，即是如來果德三種大智慧也。

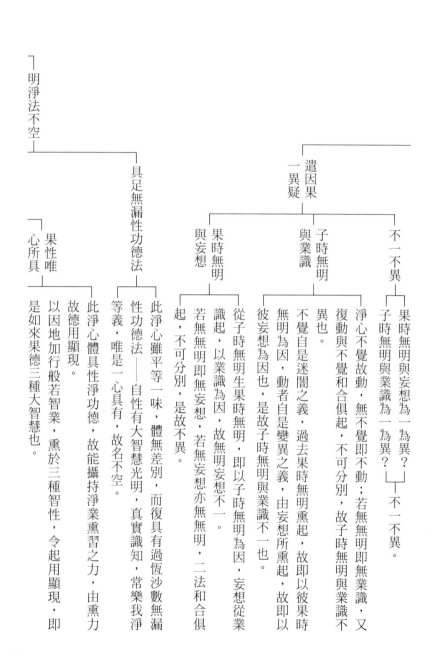

- 具足出障淨法
  - 因地五波羅蜜等一切種行，熏於相好之性，令起用顯現，即是如來相好報也。
  - 果德之法雖有相別，而體是一心，體具此德故名不空，非就心體義明不空，心體平等非空不空故。
  - 能熏亦唯心所具
    - 能熏之法，悉是一心所作。所聞教法悉是諸佛菩薩心作，諸佛菩薩眾生心是一，故教法即不在心外。以此教熏心解性，性依教熏，以起解用，故解復是心作也。以解熏心行性，性依解熏以起行用，故行復是心作也。以行熏心果性，性依行熏起於果德，故果復是一心作也。
    - 以是義故，心體在凡之時，本具解行果德之性，未為諸佛真如用法所熏，故解等未顯用也，若本無解等之性者，設復熏之，德用終不顯現也。以是義故，淨心之體本具因行果德性也。
- 正明
  - 此心雖復平等離相，而復具足一切染性，能生生死，能作生死。
- 釋性不可轉
  - 心體若唯具染性者，不可得轉凡成聖，既並具染淨二性，何為不得轉凡成聖耶。

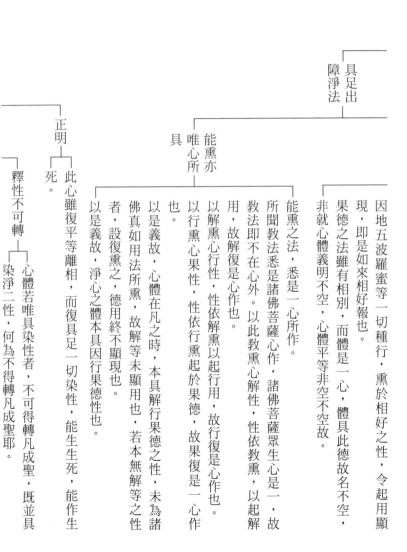

（丑）明具足染淨二法以明不空

- 具足染性
  - 釋疑
    - 釋兩性相違
      - 一一眾生心體，一一諸佛心體，本具二性。以染業熏染性故，生死之相顯，以淨業熏淨性故，涅槃之用現。
      - 一一眾生心體依熏作生死時，而不妨體有淨性之能，一一諸佛心體依熏作涅槃時，而不妨體有染性之用。
      - 但依熏力起用，先後不俱，以染熏習故稱曰轉凡，淨業起故說為成聖。
    - 釋兩業起滅
      - 得諸佛真如用義熏心故，淨業得起。淨能除染故，染業即滅。
    - 釋性不相除
      - 染業雖依心性而起，而常違心，淨業亦依心性而起，常順心也。
      - 違有滅離之義，故為淨除，順有相資之能，故能除染。
    - 釋互論相違
      - 淨業順心故，心體淨性即為順本。
      - 染業違心故，心體染性即是違本。
      - 若偏論心體，即違順平等。
      - 順本起淨，即順淨心不二之體，故有相資之能，違本起染，便違真如平等之理，故有滅離之義也。

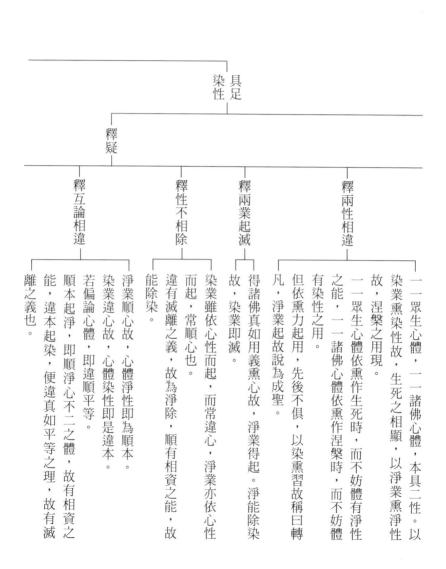

- 明染法不空
  - ……
    - 釋本末同滅
      - 違本雖起違末，但是理用，故與順一味，即不可除。違末雖依違本，但是事用，即有別義，是故可滅。故云法爾具足二性不可破壞也。
      - 不知自己及諸境界，從心而起，亦不知淨心具染淨二性，一味平等，以不知故，名為違。
      - 能知自己及諸法，皆從心作，復知心體具足染淨二性而無異相，以稱理而知故，名為順。
    - 釋相違不熏
      - 無明染法，無別有體，故不離淨心，雖復相違而得相熏。如木出火炎，炎違木體而上騰，以無別體，不離木故，還燒於木。
  - 具足染事
    - 心體之染性為染業熏故，成無明住地及一切染法種子，依種子現果報，此無明及業果，即是染事。
    - 然此無明住地及種子果報等雖有相別顯現，說之為事，而悉一心為體，悉不在心外，故復以此心為不空也。

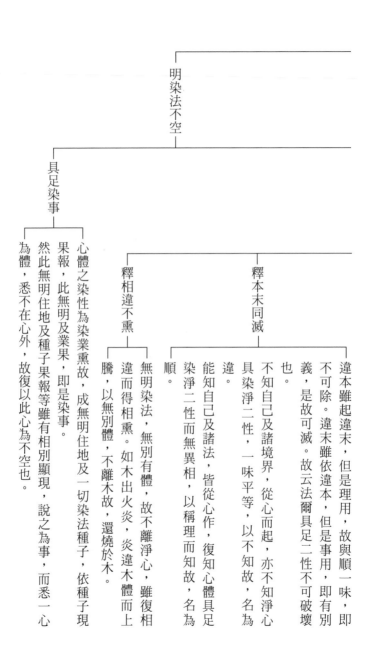

（寅）明藏體一異以釋實有

- 明圓融無礙法界法門(A)
- 明因果法身名別之義(B)
- 明真體在障出障之理(C)
- 明事用相攝之相(D)
- 明治惑受報不同之義(E)
- 明共不共相識(F)

- 直明法界體一
  - 問曰：「不空如來藏者，為一一眾生各有一如來藏，為一切眾生一切諸佛，唯共一如來藏耶？」
  - 答曰：「一切眾生一切諸佛，唯共一如來藏也。」
- 具明染淨性事
  - 標章
    - 所言藏體具包染淨者，為俱時具，為始終具耶？
    - 有其二種
      - 性染性淨
      - 事染事淨
      - 如上已明。
    - 若據性染性淨即無始以來俱時具有。
    - 若據事染事淨，即有二差別。
  - 性染性淨俱時具有
    - 如來藏體具足一切眾生之性，各各差別不同，所謂六道四生，一切世間染法，及三乘因果一切出世淨法，一一眾生性中悉具不少也。
    - 以是義故，如來之藏從本已來，俱時具有染淨二性。
    - 具染性故，能現一切眾生等染事。

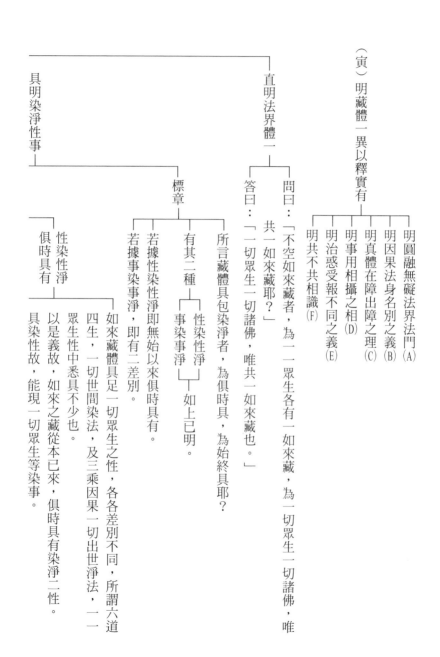

門法界法礙無融圓明 (A)

- 釋示
  - 具淨性故，能現一切諸佛等淨德。
  - 事染事淨有二差別
    - 一時俱具二事
      - 一一眾生但以造業不同，故熏種子性成種子用，亦即有別，種子用別故，一時之中受報不同。
      - 有成佛者，有成二乘果者，有入三塗者，有生天人中者。以此論之，如來藏心之內俱時得具染淨二事。
    - 始終方具二事
      - 但因緣之法無定，一一凡聖無始已來具經諸趣無數迴返。後遇善友教修出離及得三乘道果，以此論之，一一眾生始終乃具染淨二事。
      - 以一眾生受一一趣中一一身時，亦無餘身報，受世間報時，不得有出世果，故一眾生不得俱時具染淨二事，始終方具二事也，一切眾生亦如是。
  - 明無差別而差別之理
    - 藏體平等實無差別，即是空如來藏。
    - 藏體復有不可思議用故，具足一切法性，有其差別，即是不空如來藏，無差別之差別也。
    - 如來藏是真實法，圓融無二故。

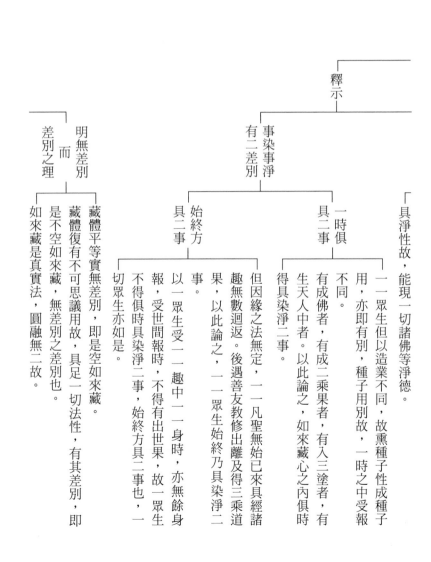

- 正明無礙圓融
  - 法說
    - 全理成事
      - 是故如來之藏全體是一眾生一毛孔性，全體是一眾生一切毛孔性，一切所有世間一一法性。
      - 如一眾生世間法性，一切眾生所有世間一一法性，一切諸佛所有出世間一一法性，是如來藏全體也。
    - 全事攝理
      - 故舉一眾生一毛孔性，即攝一切眾生所有世間法性，及攝一切諸佛所有出世間法性。
      - 舉其餘一切世間一一法性亦即攝一切法性。
      - 舉出世間所有一一法性亦即攝一切法性。
    - 全事攝事
      - 如舉一毛孔事，即攝一切世出世事；如舉一毛孔事，即攝一切事，舉其餘世出世間一切所有隨一一事，即攝一切世出世事。
      - 一切世出世間事，即以彼世出世間性為體故。是故世出世間事即是圓融相攝無礙也。
    - 差即無差
      - 「心佛及眾生是三無差別」。
      - 一切諸佛一切眾生，同一淨心如來之藏，不相妨礙。
  - 喻說
    - 晉譯《六十華嚴》：「譬如明淨鏡，隨對面像現，各各不相知，業性亦如是。」
    - 明淨鏡喻淨心體，隨對喻淨心體具一切法性，能受一切熏習，隨熏別

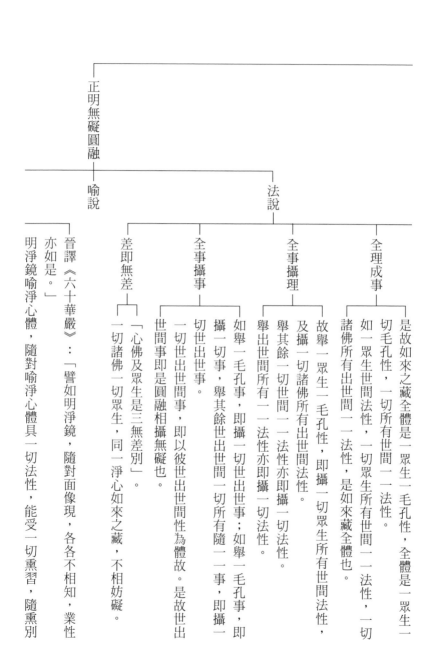

義之別名身法果因 (B)

- 正明
  - 以事約體說此二名
    - 以事約體說二法身名者，法身雖一，所現之相，凡聖不同，說言諸佛法身眾生法身之異。
    - 以此無二之體，收彼所現之事，彼事亦即平等凡聖一味也。
  - 約事辨性以性約體
    - 約事辨性，以性約體，說有凡聖法身之異名者，以此真心能現淨德故，即知真心本具淨性也。復以真心能現染事故，即知真心本具染性也。
    - 以本具染性故，說名眾生法身；以本具淨性故，說名諸佛法身，以此義故，有凡聖法身之異名。
    - 依平等義故道一切凡聖同一法身。
    - 依性別義故道一一凡一一聖各別法身。
- 染淨二性非以習成
  - 如來之藏乃是理體用不改之性，非習成之染淨二性也。
  - 佛性即是淨性，不可造作，染性與彼同體，是法界法爾，亦不可習成。
- 能生生死悉有佛性
  - 若言如來藏體具染性，能生生死者，此明法性能生諸法之義。若言眾生身中有佛性者，此明體為相隱之語。
  - 如來藏性，能生生死，眾生身中悉有佛性，義不相妨。
- 引證
  - 現報不同。面喻染淨二業。像現喻心體染淨二性，依熏力故現染淨二報，各各不相知喻淨心與業果報各不相知也，業為染淨二業。
  - 《起信論》：「三者用大，能生世間出世間善惡因果故。」
  - 經言：「一切諸佛法身，唯是一法身者。」證知一切諸佛同一真心為體，一切諸佛法身是一故，一切眾生及與諸佛即同一法身也。

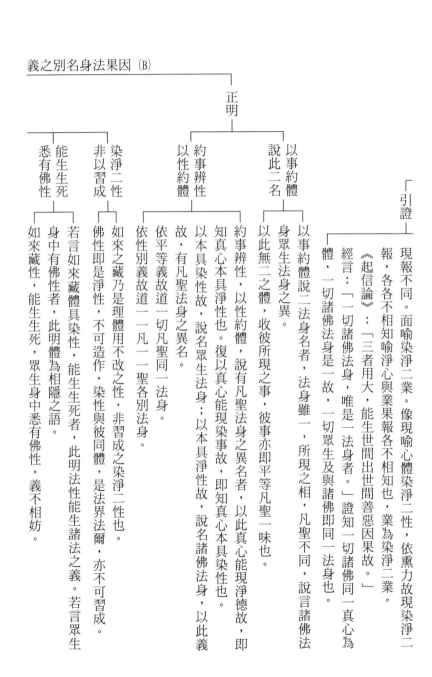

(C)真體在障出障之理

- 釋疑
  - 性染生死與在障佛性
    - 真如出障名性淨涅槃，在障應名性染生死，何得稱為佛性耶？
    - 在纏之實，雖體具染性，能建生死之用，而即體具淨性，畢竟有出障之能，故稱佛性。
    - 單彰性淨之涅槃，為欲起彼事淨之泥洹，便隱性染輪迴，冀得廢斯事染之生死。
    - 是故在障出障法身，俱隱性染之名，有垢無垢真如，並彰性淨之號。
- 正明
  - 體性本融
    - 若論心體平等，實無障與不障，不論垢與不垢，若就染淨二性，亦復體融一味，不相妨礙。
  - 約用差別
    - 就染性依熏起故，有障垢之名，以染業熏於真心，性依熏力起種種染用，以違隱真如順用之照性故，以為能障亦名為垢，此垢之用不離真體故，即名真如心為在障法身，亦名有垢真如。
    - 若以淨業熏於真心，性依熏力，起種種淨用，能除染用之垢，即說此順用之照，為圓覺大智，此淨用不離真體故名真心，為出障法身，亦名無垢真如。
  - 用不違體
    - 此有垢無垢，在障出障之別，但約染淨之用說，非是真心之體有此垢與不垢，障與不障。
  - 一、問曰：「違用既論為垢障，違性應說為礙染？」
    答曰：「具是障性垢性，亦得名為性障性垢，此蓋平等之差別，圓融之能所。然即唯一真心，勿謂相礙不融也。」

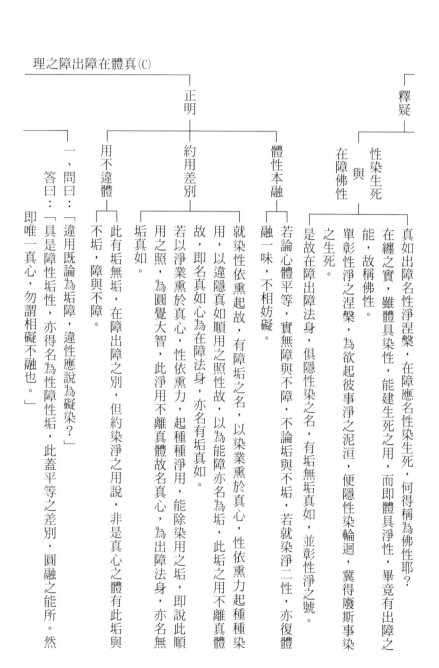

- 釋疑
  - 二、問曰：「既言有平等之差別能所，亦應有自體在障出障耶？」
    答曰：「據染性而說，無一淨性而非染，即是自體為能障、所障、在障，就淨性而論，無一染性而非淨，即是自體為能除、所除、出障。」
    - 染以淨為體，淨以染為體，一味平等，無有差別之相，此是法界法門常同常別之義。
- 以理曲明
  - 正明相攝
    - 相攝
      - 若偏就妄執之事，即一向不融，若據心性緣起依持之用，即可得相攝。
        所謂一切眾生悉於一佛身中起業招報；一切諸佛復在一眾生毛孔中修行成道。此即凡聖多少以相攝，十方世界內纖塵而不迮，三世時劫入促念而能容，此即長短大小相收。
      - 一切對法及不對法，起必依心，心體既融，相亦無礙。
    - 相即
      - 非但一念與三世等，亦可一念即是三世時劫；非但一塵共十方齊，亦可一塵即是十方世界。
      - 以一切法唯一心故，別（一切法）之外無別心；心具眾用，一心是別，常同常異。
  - 破凡聖不同疑
    - 聖人即能以自攝他、以大為小、促長演短、合多離一，何故凡夫不得？
    - 凡聖理實圓融，但聖人稱理施作，所以皆成，凡夫情執乖旨，是故不得。

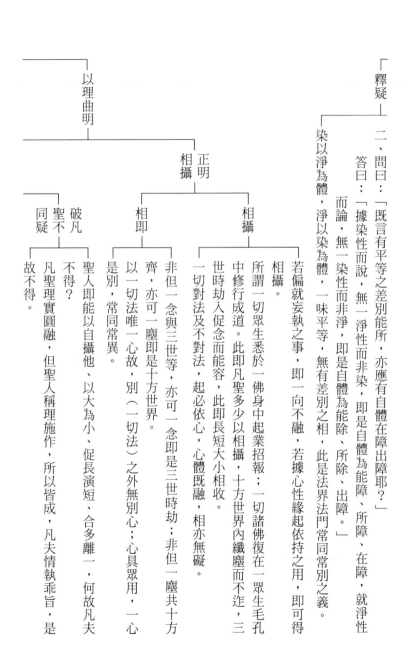

(D)事用相攝之相

- 兼破餘疑
  - 破聖無別相疑
    - 聖人得理，便應不見別相，何得以彼小事以包納大法？
    - 若據第一義諦，真如平等實無差別，不妨即寂緣起世諦不壞而有相別。
  - 破世諦差別疑
    - 若約真諦本無眾相，故不論攝與不攝，若據世諦彼此差別，故不可大小相收。
    - 若二諦一向異體，可如來難，今既以體作用名為世諦，用全是體名為真諦，寧不相攝？
  - 破世諦攝事疑
    - 體用無二，只可二諦相攝，何得世諦還攝世事？
    - 以世諦之中一一事相，即是真諦全體，故云體用無二，若真諦攝世諦中一切事相，即世諦中一一事相亦攝世諦中一切事相。
  - 破濫同神我疑
    - 外道所計（神我），心外有法，大小遠近、三世六道、歷然是實，實事之相異神我，神我之相異實事。
    - 設使即事計我，我與事一，但彼執事為實，彼此不融。
    - 佛法之內即不如是，一切法悉是心作，但以心性緣起，不無相別，而唯一心為體。
- 以事巧示
  - 示大小相攝相即
    - 憶想身上一小毛孔
    - 憶想作一大城廣數十里
      - 心想所作，毛孔與城大小不異。
  - 夢中經歷十年五歲時節事，而覺已始知經食頃，以一食之頃經多年之

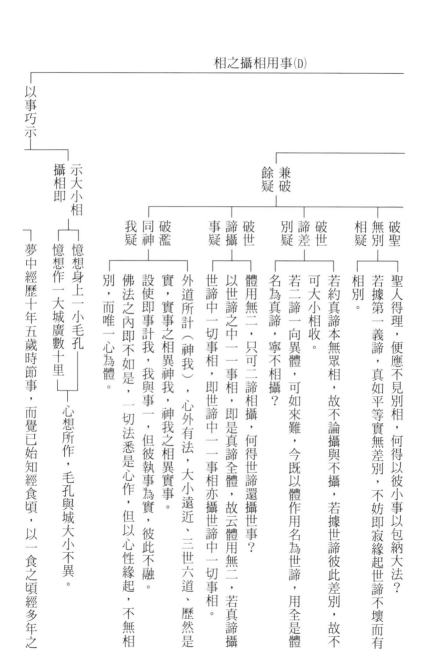

- 示時劫相攝相即
  - 事。據覺論夢，夢裡長時便則不實，據夢論覺，覺時食頃，亦則為虛。
  - 若以一心望彼，長短俱無，本來平等，故得相攝。

(E)治惑受報不同之義

- 正明
  - 能治所治惑不同
    - 所治之法為能治之所滅。
    - 事法有成有敗，故此生彼滅，性義無始並具，又復體融無二，故不可一滅一存也。
    - 眾生未修治道之前，雙有能治所治之性，但所治染法之性依熏起用，能治淨法之性未有熏力故無用也。
    - 若修治道之後，亦並具能治所治之性，但能治之性依熏力故，分分起於淨用，所治染性無所熏力，染用分分損滅。
  - 六道受身果報不同
    - 眾生但可具有無始六道種子在於心中，隨一道種子偏彊偏熟者，先受果報，隨是一報之中，不妨自雜受苦樂之事，要不得令一眾生俱受六道之身。
    - 若作菩薩自在用時，以悲願力，一時於六道中受無量身教化眾生。
- 釋疑
  - 釋凡聖同時受報疑
    - 不由以一心為體故，便不得受眾多身。
    - 不由以一心為體故，要須一時受眾多身。
  - 釋凡聖同時治惑疑
    - 不由以一心為體故，染淨二事相除。
    - 不由以一心為體故，染淨二法不得相除。
    - 不由別心為體故，凡聖二事不得相除。

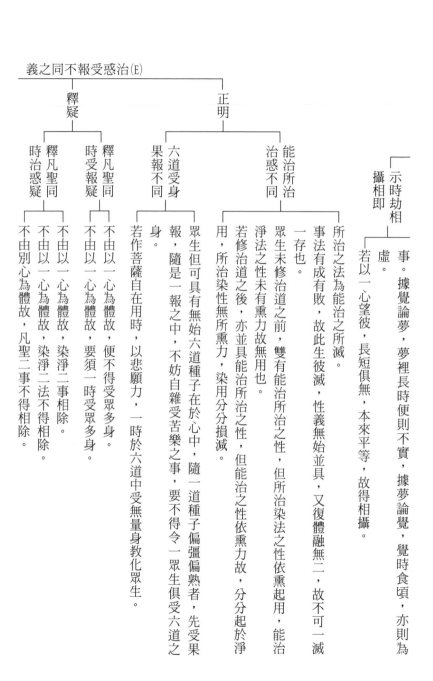

- 破執
  - 破正計
    - 直破
      - 若一切凡聖不同一真心為體者，即無共相（無相之相）平等法身。
      - 是故經言：「由共相身故一切諸佛畢竟不成佛也。（佛與眾生是共相身故，一眾生未成佛，即法身未清淨故）」
    - 事例破
      - 多身無二心
        - 引釋迦果人多身破
        - 引善財因人多身破
        - 引凡夫夢中多身破
        - 引菩薩悲願多身破
          - 現多身無二心。
          - 此一心得現多身。
          - 一切諸佛身，唯是一法身。
      - 染淨無二心——人唯一心而得俱有染淨二法。
  - 破轉計
    - 正破
      - 一心之中具有一切凡聖，一一凡聖各各先後隨自種子彊者受報，不得一人俱受六道之身。
      - 一心之中一時具有凡聖不相除滅。
      - 一切凡聖雖同一心，不妨一一凡聖各自修智自斷其惑。
      - 智慧分起，能分除惑，智慧滿足，除惑皆盡，不由一心不容染淨二法而斷惑也。
    - 結成
      - 真心能與一切凡聖為體，心體具一切法性，如即時世間出世間事得
      - 成立者皆由心性有此道理也。若無道理者終不可成。

- 真如平等心為體——此體即是一切凡聖平等共相法身。

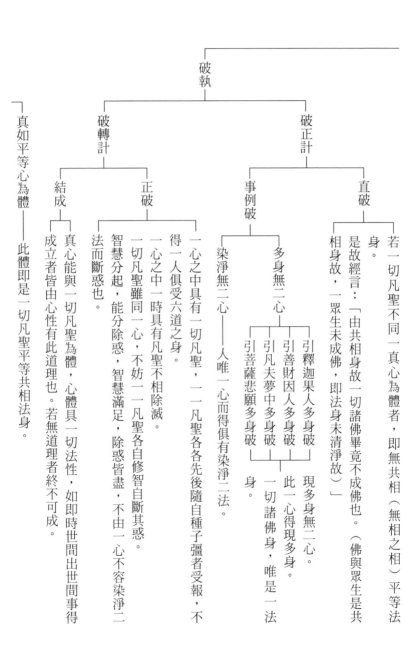

- 識相共不共(F)
  - 總明
    - 阿梨耶識為相
      - 清淨分依他性，亦名清淨和合識，為一切聖人之體。
      - 染濁分依他性，亦名染濁和合識，為一切眾生之體。
  - 別解
    - 解共相識
      - 所謂外諸法，五塵器世界等，一切凡聖同受用者，是共相識相也。一切眾生同修淨業得一淨土。
    - 解不共相識
      - 謂一一凡聖內身別報是也，一一凡聖造業不同熏於真心，顯現別報，各各不同，自他兩別。
    - 解共中不共
      - 如餓鬼等與人同造共業故同得器世界報，即是共相。復以彼等別業尤重，至彼河邊，則見為火不是水。
    - 解不共中共
      - 由眷屬知識乃至時頃同處、同語、同知、同解，或暫相見，皆由過去造相見知等業熏心共相性故，心緣熏力顯現如此相見相知等事，即不共中共也。
  - 結示

- 證暗破（丙）
  - 問
    - 我今不觀境界，不念名義，證心寂慮，泯然絕相豈非心體寂照真如三昧？
  - 約證破
    - 標徵
    - 逐破
      - 破自證
        - 直破
        - 破轉計
          - 破作意
          - 破自止
          - 破能知
          - 破自知
          - 破七識能見
        - 結破

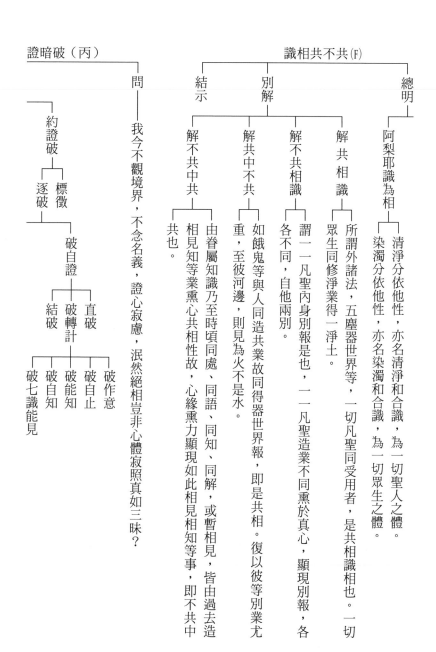

- 答
  - 約修破
    - 正破
    - 判簡
- （接上）
  - 破他證
    - 正破
    - 轉破
  - 破證他
    - 明他不易證
    - 明心不證他
    - 明他不相止
    - 明嫌非方便

（二）明止觀境界——三自性法

- 總明三性
  - 出障真如及佛淨德——真實性
  - 真妄和合阿梨耶識——依他性
  - 六識七識妄想分別——分別性
- 別明三性
  - 別明
    - 別辨真實性（丁）
    - 別辨依他性（戊）
    - 別辨分別性（己）
  - 合辨（庚）

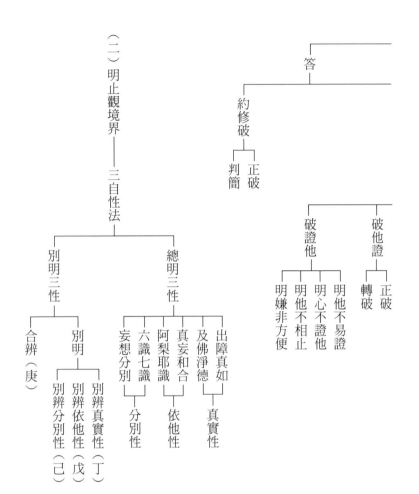

性實真辨別（丁）

- 標章
- 各釋
  - 釋有垢淨心
    - 眾生之體實
    - 事染之本性
      - 依熏變現故有垢。
      - 能熏之垢本空故為淨。
  - 釋無垢淨心
    - 諸佛之體性
    - 淨德之本實
      - 淨熏滿故，事淨德顯故稱無垢。
      - 雖從熏顯，性淨之用非增故心淨。
- 合結
  - 依熏約用故，有有垢無垢之殊
  - 就體談真，本無無染有染之異
    - 平等實性
    - 大總法門
      - 真實性。

性他依辨別（戊）

- 淨分依他性
  - 正釋
    - 但得無漏淨法所熏事染之功盡名為清淨
    - 復依彼淨業所熏性淨之用顯故名依他性
      - 三身淨土自利利他。
  - 料簡
    - 約性染義對簡
      - 正明染性有用
        - 現同六道，示有三毒權受苦報生
        - 死。
      - 釋其名清淨分——佛望於眾生此德為清淨。
      - 釋其名分別性
        - 此德依悲願起為依他性，若對緣施
        - 化即名分別性。
    - 對真實性料簡
      - 無垢真實性體顯離障——體也。
      - 清淨依他性能隨熏力淨德現起——相也。
      - 清淨分別性對緣施設為能——用也。

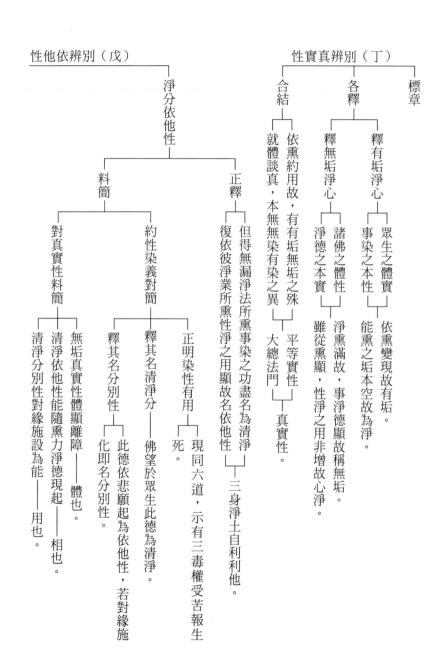

- 染分依他性
  - 正釋
    - 但為分別性中無明染法所熏，依之變現虛狀等法，流轉生死、輪迴六道。
  - 料簡
    - 正簡
      - 雖未為無漏熏故淨德不現，但為諸佛同體智力所護念故，遇善知識漸發道心。
    - 釋疑
      - 無始以來造業差別，輕重不同，先後不一。
      - 罪垢輕者蒙佛智力，罪垢重者有力不蒙。

性別分辨別（己）

- 清淨分別性
  - 即彼清淨依他性中所有利他之德，對彼內證無分別智故名分別，所謂一切種智，
  - 能知世諦種種差別，一切眾生心心數法，示現五通三輪之相，應化六道四生之形。
- 染濁分別性
  - 正釋
    - 即彼染濁依他性中虛狀法內有於似色、似識、似塵等法，即妄分別執虛為實，如此執時，念念熏心，還成依他性，於上還執，復成分別性。
  - 料簡
    - 依他性法——心性依熏起故，但是心相，體虛無實。
    - 分別性法——以無明故，不知依他之法是虛，妄執為實。

辨合（庚）

- 約一心辨
  - 就心體平等名真實性。
  - 心體依隨染淨二法名依他性。
  - 心體所現虛相果報名分別性。

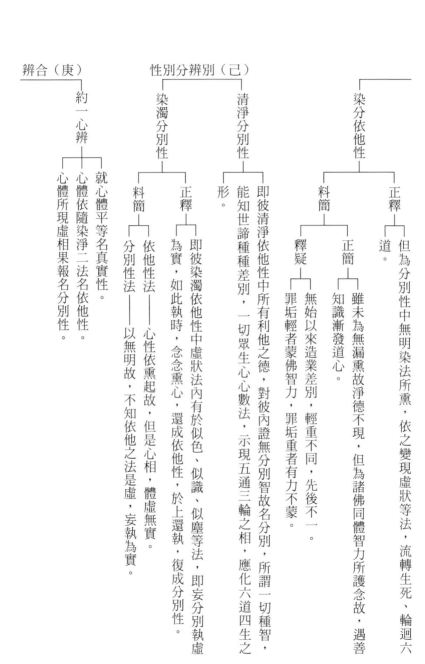

- 約依他辨——依他性中分為三性
  - 淨分在染名真實性。
  - 不淨分之染法習氣種子虛相是分別性。
  - 二性和合即是依他性。
- 釋六識疑
  - 五識見五塵時，各與意識俱時而起。
  - 大乘中不明五意識與第六識別，但能分別者悉名意識。

（三）止觀體狀

- 就染濁三性以明止觀體狀
  - 各釋
    - 約分別性以明止觀體狀(A)。
    - 約依他性以顯止觀體狀(B)。
    - 約真實性以示止觀體狀(C)。
  - 通簡
    - 正簡示——1.止觀功能 2.四重深義 3.修有次第 4.妄執須除。
    - 約幻喻——1.喻觀門 2.喻三性三無性止門 3.止觀合辨。
    - 約夢喻——以夢喻顯三性三無性。
- 就清淨三性以明止觀體狀
  - 各釋
    - 明分別性中止觀體狀。
    - 明依他性中止觀體狀。
    - 明真實性中止觀體狀。
  - 簡寂用之相
    - 約以修顯性。
    - 約稱性起修。

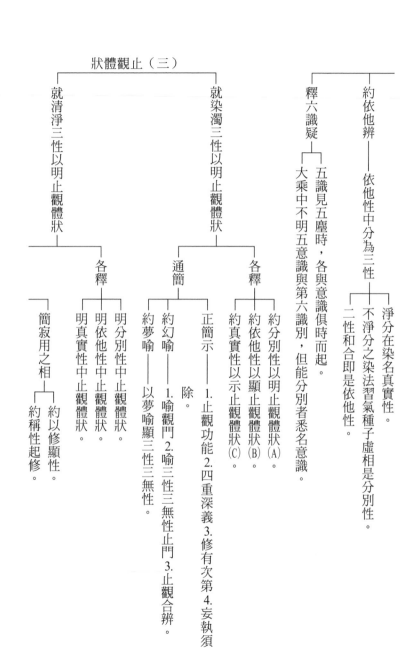

- 通簡
  - 簡生佛之名。
  - 簡同異之義。
  - 簡自他修益
    - 明益。
    - 釋疑。
  - 簡佛德實虛
    - 示德相
    - 簡虛實
      - 約修正簡。
      - 約性例簡。
  - 簡常住生滅。

(A)約分別性以明止觀體狀

- 從觀入止
  - 明觀
    - 觀五陰六塵但是意識，有果時無明，故不知是虛，執虛為實，起惑造業。
  - 明止
    - 觀諸法是心相虛狀，復觀此能觀之心亦無實念，執心止息即從觀入止。
- 從止復觀
  - 以知諸法無實故反觀本自謂實時但是無明妄想，即名從止起觀，由此入依他性觀。

(B)約依他性以顯止觀體狀

- 從觀入止
  - 明觀
    - 因前分別性中止行知一切是虛，五陰六塵等法悉皆心作，體是虛。
  - 明止
    - 所見虛法唯心所現本無滅，如是緣心遣心，執相之念滅而入止。

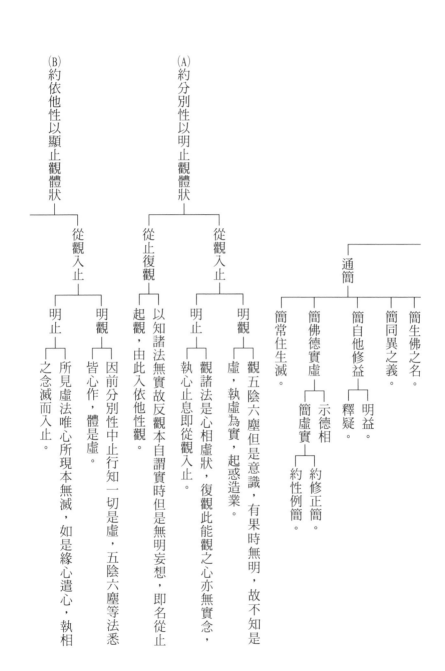

- 從止復觀
  - 即知諸法有即非有。
  - 復知不妨非有而有。
  - 由止徑入真實性觀。

(C)約真實性以示止觀體狀

- 第一重：從觀入止明無性性
  - 為無分別依他性故，即以無為心抑別有淨心耶？作此念時名為觀。空其偏空之性，遣其執無之心為止，即名無性（偏空）性（真實）。
- 第二重：從觀入止明無真性
  - 觀於淨心，為可見不可見，可念不可念耶？作此分別時即名觀。
  - 覓心之心體唯是淨心，以妄想習氣故自生分別，而淨心之體常無分別，作此解者，為隨順真如，名為止門。
- 第三重：止觀明根本真如三昧
  - 久久修習無明妄想習氣盡故，念即自息，證真如為止。復以觀門方便及悲願熏習力故，即於定中興起大用，即是真如用義為從止起觀。
- 第四重：止觀明止觀雙行
  - 從真如大用，熾然分別而常體寂。
  - 雖常體寂而即緣起分別。

- 標科
- 正明
  - 能除妄想上迷妄（執迷以為非迷）識知此心是癡妄——除障。
  - 除此迷妄之障堪能進修止行。

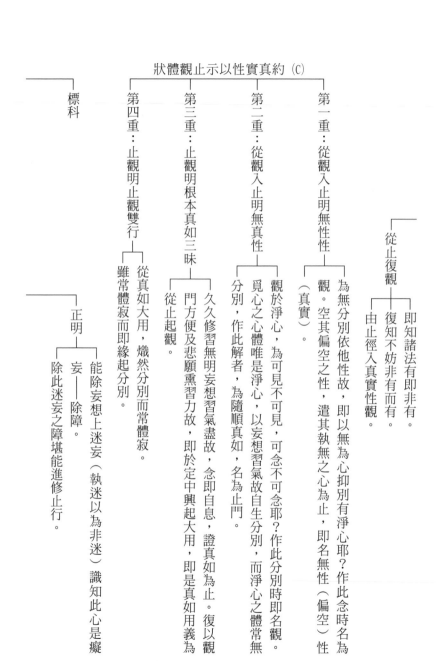

止觀斷得（四）

- 各釋
  - 約分別性
    - 觀行斷得
      - 喻顯：如人不知東而反執東為西，即有執非為是之過失，因他語而知執東為西是妄，即得改正顛倒，捨離執著。
      - 法合：雖未證知諸法是虛，但能知境虛是無明執實是妄想，即常不信己執而堪修止行。
    - 止行斷得
      - 依前觀行作方便，知諸法本來無實，能除果時無明及以妄想，貪瞋漸薄，不為業繫，解苦無苦——除障。
      - 能成就依他性中觀行，無塵智用隨心行故——得益。
  - 約依他性
    - 觀行斷得
      - 此觀門與分別性中止門不異，彼緣虛之遣即此依他性中觀門，依此堪能進修止門而分成如幻等三昧。
    - 止行斷得
      - 正明：依有觀行作方便，知虛相有即非有，滅虛相之執故名止。能除果時無明及以虛相，漸薄無明住地。
      - 料簡：成就（完成）如幻等三昧，無生智用現前，成就真實性中觀行。
  - 觀行斷得
    - 正明
      - 依他性中止門必緣一切法唯心所作，體是一心。得滅虛相之執，而此觀門能知諸法唯一心之體，彼止若成，此觀即就。

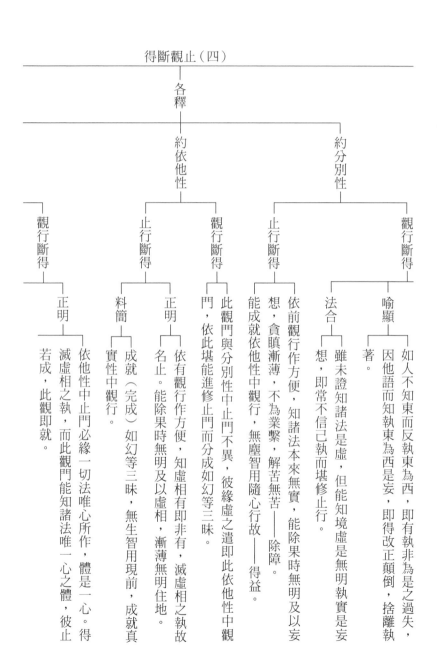

- 總辨
  - 除障之義
    - 除障之時非如小乘所謂智解與惑用敵對相除，以解惑之念前後不相見故，
    - 乃為解惑念念迭興之時，解用漸漸熏心，增益解性之力，以成解用種子，
    - 即能熏彼惑染種子分分損滅，惑用漸弱，即是除也。
  - 熏心之由——一切解惑之用皆依一心而起，解惑之用悉不離心，起用之時即自熏心。
  - 地位之相——三性止觀地位不定
    - 就一相言
      - 十解——分別性中止行成。
      - 十迴向——依他性中止行成。
      - 佛果滿足——真實性中止行成。
    - 更一解
      - 地前——分別性中止行成。
      - 地上——依他性中止行成。
      - 佛地——真實性中止行成。
- 約真實性
  - 「彼以滅相為宗，以此立心為旨，故異。
  - 料簡
    - 唯心所作——依一心起於諸法，非有即有——從體起相證也。
    - 唯是一心——知彼所起之相，有即非有——滅相入實證也。
  - 止行斷得
    - 念動息滅即為止，能滅無明住地及以妄想——除障。
    - 大覺現前，具足佛力——得益。

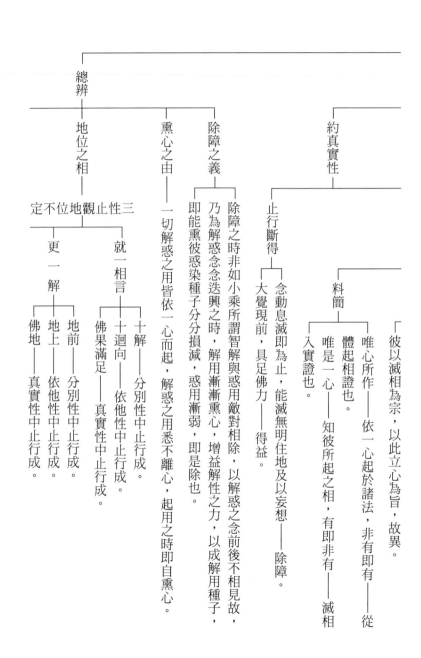

- 又復
  - 地前——隨分具三性止行。
  - 地上——亦具三性止行。
  - 佛果——三性止行究竟滿足。
- 又復
  - 位位行行俱行三止
  - 凡夫始發心亦俱行
  - 三止
  - ——明昧有殊託法無別。
- 結略總明
  - 三性止行成故離凡夫行
  - 三性觀行成故離聲聞行
    - ——除障。
  - 三性止行成故得寂滅樂
  - 三性觀行成故得緣起作用
    - ——得益。
- 用作顯備
  - 剋證全體大用
    - 止行成故，體證淨心理融無二之性，用無用相，動無動相。
    - 觀行成故淨心體顯法界無礙之用，自然出生一切染淨之能。
  - 雙遮雙照
    - 止行成故，其心平等不住生死。
    - 觀行成故，德用緣起不入涅槃。
    - 止行成故，住大涅槃。
    - 觀行成故，處於生死。

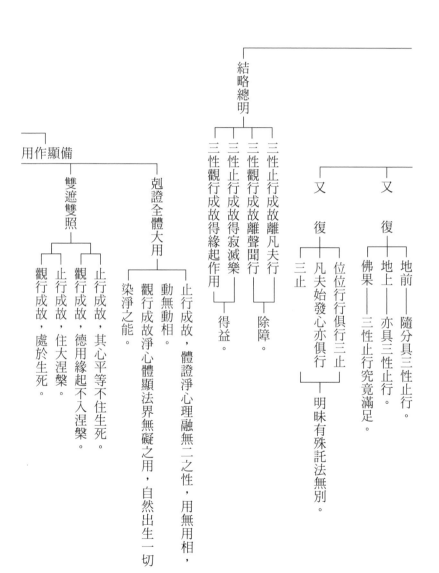

（五）止觀作用
- 正明
  - 離過具德
    - 止行成故，不為世染。
    - 觀行成故，不為寂滯。
    - 止行成故，即用而常寂。
    - 觀行成故，即寂而常用。
  - 融即離微
    - 止行成故，知生死即是涅槃。
    - 觀行成故，知涅槃即是生死。
    - 止行成故，知生死及涅槃二俱不可得。
    - 觀行成故，知涅槃是生死，不轉是涅槃。
  - 依所明重
    - 菩薩依依他性道理故，能即寂興用。
    - 復
      - 觀
        - 依分別性觀門故，知一切眾生受大苦惱。
        - 依依他性觀門故，從心出生攝化之用。
        - 依真實性觀門故，知一切眾生與己同體。
      - 止
        - 依分別性止門故，知一切眾生可除染得淨。
        - 依依他性止門故，不見能度所度之相。
        - 依真實性止門故，自身他身本來常住大般涅槃。
- 偈頌
- 結

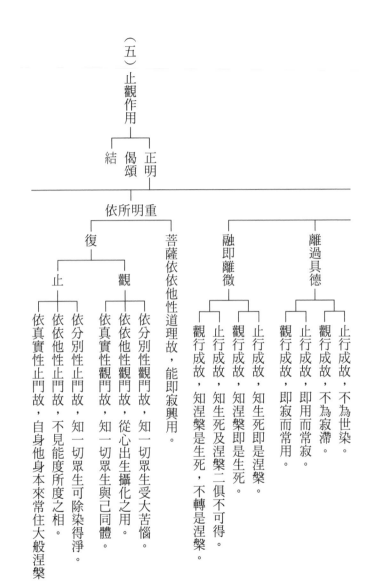

再示方便
- 初行菩薩欲有所作，先須發願次入止、起觀，然後隨心所作即成。
- 久行菩薩，但發意欲作，隨念即成。
- 諸佛如來，不緣而照，不慮而知，不發意而事自成。

第二章 《大乘止觀法門》的真偽及其作者

第一節 南嶽慧思禪師及其著述

關於《大乘止觀》這部論書的作者，自古以來，諸說紛紜而無定論。對於本書加以解釋的，則有宋代的了然、明末的智旭，以及近代的諦閑等諸人，他們一如大多數的中國高僧的態度，對於先賢古德所留下的遺著，不輕易地做反面的推測，所以，他們都是站在天台宗學者的立場，將本書用天台宗的正統思想，加以疏說，故誰也都未曾懷疑本書之出於慧思禪師的說法有什麼問題。

但是，不論是肯定或否定本書之出於慧思禪師之說的觀點，均應先來對於慧思禪師的生平及其所持的思想背景，做一較為清晰的考察和認識。所以，且讓我們從各種史傳資料中，把關於慧思禪師的重要記載，做一介紹與分析。

慧思禪師的俗家姓李，於北魏延昌四年（西元五一五年），也就是梁武帝天監十四年的十一月十一日，生於大魏國南豫州汝陽郡武津縣❶，相當於現代的河南省汝寧的上蔡縣之東。自幼皈佛樂法，信仰誠篤，並曾夢見普賢菩薩，乘白象王，現於其前，摩其頭頂。從此，在他頂門之上，即有肉髻瑞相隆起❷。

因此，到了北魏孝莊帝永安二年（西元五二九年），當他十五歲時，即行出家受具足戒，此後的五年之間，專誦《法華經》及諸大乘經典❸，精進於學行二道。然在二十歲那年，即是東魏孝靜帝天平元年（西元五三四年），因讀《妙勝定經》而有所感，遂常經行於林野，遍訪禪德，好於禪修❹。因此「復更發心，求善知識，值慧文禪師，稟受禪法」❺。此處所謂的禪法的稟受，乃是指的觀心之法。自此，聽講、參禪，晝夜研磨，不敢懈怠。慧思禪師因此得力而開悟，此在《佛祖統紀》卷六，有如下的記載：「晝則驅馳僧事，夜則坐禪達旦。始三七日，初發少靜，觀見一生善惡業相。轉復勇猛，禪障忽起，四肢緩弱，身不隨心，即自觀察：我今病者，皆從業生，業由心起，本無外境，反見心源，業非可得。遂動八觸❻，發根本禪，因見三生行道之迹。夏竟受歲，將欲上堂，乃感歎曰：『昔佛在世，九旬究滿證道者多，吾今虛受法歲，內愧深矣。』將放身倚壁，豁然大悟法華三昧。自是之後，所未聞經，不疑自解。」❼

這是慧思禪師在修道過程中的主要得力處，由於他有了這種深厚的宗教經驗之後，便展開了他在此後的行化工作，且能禁得起屢次三番的打擊與阻撓。

例如，在東魏武定六年（西元五四八年），慧思禪師三十四歲那一年，在河南的兗州，因與大眾議論，而為惡比丘所毒，垂死而復活。這是他所遭遇的第一次法難。從此之後的慧思禪師，幾乎終其一生，經常是處於接受迫害的環境之下。又如到了北齊天保四年（西元五五三年），慧思禪師三十九歲之時，在郢州地方，受到惡眾的毒殺，他有三位弟子，即因此而死，師亦負了重傷❽。再到天保七年（西元五五六年），禪師四十二歲之際，於光州城西的觀邑寺，重講摩訶衍義之時，受到惡論師的惱亂❾。第二年，禪師四十三歲，為南定州的刺史，講摩訶衍義，又遭到惡論師們的惡心惱亂，施以種種惡毒手段，斷絕檀越的飲食供養，經歷五十日間，唯遣弟子化得，以濟身命❿。

對於一位行道的沙門，為了自己的悲願而受到如此種種的酷毒的迫害，在當時的諸禪師中，恐怕是僅其一人而已，即在整個的中國佛教史上，像這樣的實例，也不是尋常之事。

那麼，慧思禪師，他為什麼會經常處於被迫害的狀態之下的呢？這是一個重要的問題。僅從慧思禪師的傳記資料中看，對此並無明確的敘述，不過可以確定一點，那就是他的發自悟境的言論，與一般人所持的思想觀念和生活方式，有所牴觸。也就是說，他對佛法的理解態度，比之於當時其他的論師們，頗有特異之處，或優勝之處，所以不能見容於當時的佛教界的同道之間。這一事實，可以找出如下的三種記載，做為依據。

（一）《續高僧傳》卷十七：「自江東佛法，弘重義門。至於禪法，蓋蔑如也。而思慨斯南服，定慧雙開。晝談理義，夜便思擇。」⓫這段文字，在《天台九祖傳》及《法華經顯應錄》等書中，也曾引用。

（二）同為《續高僧傳》卷十七中，尚有一段值得注目的文字：「乃以大小乘中，定慧等法，敷揚引喻，用攝自他，眾雜精麁，是非由起。怨嫉鴆毒，毒所不傷；異道興謀，謀不為害。乃顧徒屬曰：大聖在世，不免流言，況吾無德，豈逃此責，責是宿作，時來須受。」⓬此段文意在《景德傳燈錄》以及《天台九祖傳》中，也有引用。

（三）《神僧傳》卷四，又有如此的記載：「自思南度，定慧雙舉，道風既盛，名稱普聞。俄有道士，生妬害心，密告陳主，誣師乃北僧，受齊國券。」⓭

由於以上所錄三段文字看來，不難了解慧思禪師當時的環境，是一個僅重義理之學的局面，一旦遇到慧思禪師這樣一位行解並重、定慧雙舉的大德出世，固然能為真正的佛法開出新的氣象，卻為當時的流俗比丘之所不容。像這樣的比丘，可說歷代都有，他們也懂佛理，並且能夠聚眾講授，如不是遇到傑出的善知識出世，他們的確也是能為佛教撐持門面的師匠，可惜他們有學問而無行持，更無實證工夫，所以滿心仍是人我利害的觀念，一旦遇到和他們的私利衝突的境界出現時，他們便無法把握自己，便會以嫉妒或怨毒之心，加害於人，甚至以間諜的罪名，來誣栽於人，置人於死地而始甘心！

可見，慧思禪師之屢遭迫害，主因當在於知見的、或思想的、或風格的不同於流俗的比丘及論師們，但也夾雜著名聞利養的感情問題在內⓮。大善知識雖無爭取名聞利養之意，但必實至而名歸；又所謂樹大招風，名大招妒，世尊在世，尚所不免，何況慧思禪師？因此他也毫無怨尤，並且以為那是他自己宿業所感。這種光明美善的心地，正好說明了他的人格和他的立場，的確是與佛法完全相應的。

由蒙受迫害而使慧思禪師產生的另一思想的反映，便是「佛法將滅」的末法觀念的強調。此有如下的數種資料可作根據！

（一）《續高僧傳》卷十七：「然我佛法，不久應滅。」⑮

（二）《立誓願文》之中則稱：「我慧思即是末法八十二年，太歲在乙未，十一月十一日，於大魏國南豫州汝陽郡武津縣生。」⑯

像這種末法思想以及進入了末法時期的警覺，並且為之宣揚者，在中國的南北朝時代，特別是在慧思以前的中國佛教史上，幾乎是未嘗發現的事。因此，慧思之在中國佛教的思想史上，也可稱作末法觀的先驅者了。又因為《立誓願文》作於慧思禪師四十四歲之際，正好是在他遭受了現有文字可考的最後一次法難的第二年。由此可見，他的對於末法時期的警覺，的確是從屢次受同道迫害的體驗之中感受出來的。

佛法將滅，但他仍為佛法的存留於人間而做最大的努力。就在撰作《立誓願文》的同一年，他也造了金字《法華經》及金字《大品般若經》。例如在《立誓願文》中做了如下的敘述：「我於彼時，起大悲心，念眾惡論師，即發誓願，作如是言：誓造金字《摩訶般若》及諸大乘瑠璃寶函，奉盛經卷。」⑰

又於《續高僧傳》卷十七，有謂：「又以道俗福施，造金字《般若》二十七卷，金字《法華》，琉璃寶函，莊嚴炫曜。」⑱

這所謂「金字」《般若》及「金字」《法華》，一般是指以金泥所寫之經典，故比其他以墨書寫的經典寶貴得多，通常被視為稀世之寶，故其被流傳於後世的可能，要比墨寫的經典大得多。慧思禪師的護持佛法之心，堪稱良苦！此與稍後的《房山石經》的盛舉，故亦頗有啟發或先導的功用。

然而，在遭受了屢次三番的迫害之後的慧思，一方面警覺到末法景象已經降臨人間，一方面也警覺到生命的短促、世相的危脆，既不能大展度眾救世的悲願，便退而興起了厭離世俗、棲隱山林、獨自修證的意念。此亦正是中國正統思想的型態之一，那就是所謂：「窮則獨善其身，達則兼善天下。」此在《立誓願文》裡面，有如下的敘述：「應常念本願，捨諸有為事，名聞及利養，乃至惡弟子，內外悉應捨。」[19]「若不自證，何能度人？先學已證，然後得行，自求道果。」[20]「欲安眾生先自安，己身有縛，能解他縛，無有是處。」[21]「不得他心智，不應說法。」[22]

從這些自我表白的意念看來，慧思禪師雖受中國正統儒家思想的感染，但他畢竟不是儒家學者，而是標準的佛家高僧，故在不能伸展自己的濟世悲願之際，絕不怨天尤人，反而向內自責，認為是自己的福德不夠，是他自己的濟世資糧不足。同時也使他覺察到，在末法時代，弘通佛法的工作，至為艱難，若不先自具備了解脫的能力，要想協助他人解脫是不可能的。但是，要他獨自逃避，也非他的本意，故盼得了他心智後，再為眾生說法。此與小乘人的心量，自又不得同日而語了。

至於佛法的修持法門，不出戒、定、慧的三無漏學。然後通常著手工夫，不論念佛、讀誦、禮拜、經行、沉思、默禱、靜坐、冥想、觀照、參究等等的得力之處，又無不屬於禪觀或禪定的同體異名。慧思禪師主唱「定慧雙舉」、「晝談理義」，是屬於慧業；「夜便思擇」，是屬於定業。在他四十歲之後，極力闡揚定業的禪觀之學，目的正是為了自修，也為了勸人修行。甚至可說，他把對於慧業的功力，也是藉著禪觀之學的闡揚而表露出來。所以他是一位禪師——定慧雙開的禪師，而非僅玩紙面工夫及口頭工夫的論師，也非只顧盲坐瞎參的禪師可比。

慧思禪師對禪觀之學的觀點，由其所撰的《諸法無諍三昧法門》卷上，可以看到如下的開示：「復次，如《勝定經》中所說：若復有人，不須禪定，身不證法，散心讀誦十二部經，卷卷側滿十方世界，皆闇誦通利。復大精進恆河沙劫，講說是經，不如一念思惟入定。何以故？但使發心，欲坐禪者，雖未得禪定，已勝十方一切論師。」23

這是他對禪定之修持的讚揚，實則，縱觀他的一生，也以禪觀之行持與弘揚，為其徹始徹終的思想中心。特別根據他所著《法華經安樂行義》可以明白，在「有相行」及「無相行」的兩者之中，以「無相行」為畢竟究極之禪觀的根本。同時，慧思禪師之遭受屢次的迫害，與他所弘禪風之異於當時一般的小乘禪者，亦為原因之一。

另一個佐證，便是天台智者大師的《摩訶止觀》卷一之上，說明了他傳承了慧思禪師的漸次、不定、圓頓的三種止觀[24]。此所謂的圓頓止觀，便是不共於三乘的大乘止觀，此後也為中國的禪宗思想開了先河。故在《續高僧傳》卷十七「慧思傳」中稱：「思慨斯南服，定慧雙開，晝談理義，夜便思擇。故所發言，無非致遠便驗。因定發慧，此旨不虛。南北禪宗，罕不承緒。」[25]

這是道宣律師（西元五九六—六六七年），將慧思禪師的追述，所稱的「南北禪宗」，可能即是指的禪宗五祖門下的南北兩系，南方的惠能（西元六三八—七一三年）系和北方的神秀（卒於西元七〇六年，傳稱百餘歲）系。道宣律師與中國禪宗南、北二系的創始者，為同時代的人，所言當不至有誤。

但是慧思禪師既為中國禪宗的先聲，更是中國天台宗的源流，因為天台大師於《修習止觀坐禪法要》之〈序文〉中自稱其：「天台大師靈山親承，承止觀也；大

蘇妙悟，悟止觀也。」㉖

這是說智者大師在光州的大蘇山，追隨慧思禪師之際，慧思禪師為其開示普賢道場，為說《法華經》的四安樂行，智者大師便於此山修行法華三昧，始經三晚，誦《法華經》至〈藥王菩薩本事品〉，心緣苦行而至「是真精進」之句下，解悟便發，在此悟境之中，見到他與慧思禪師曾在靈鷲山的七寶淨土，同聽佛陀說法的景象。佛陀當時所說示者止觀法門，他在大蘇山的慧思座下所悟者，也是止觀法門。由此可知慧思本人著重禪觀法門，傳給他的弟子們如智者大師的，也以禪觀為主。再說天台承受的圓頓止觀，則相當於後來禪宗的頓悟之說，此可從慧思禪師所說的圓頓之義，得到解答，例於：

（一）《法華經安樂行義》中說：「《法華經》者，大乘頓覺，無師自悟，疾成佛道。」㉗

（二）《諸法無諍三昧法門》中說：「妙法華會，但說一乘頓中極頓，諸佛智慧。」㉘

（三）《受菩薩戒儀》中說：「皆順正法，治生產業，悉入圓宗。」㉙

從《受菩薩戒儀》中所謂的「皆順正法，治生產業，悉入圓宗」的意趣，可以明白慧思禪師是把日常生活，全部納入法門之內的，換言之，因為日常的行持，其自體皆能隨順於正法者，便被包融於圓宗的大理念之中㉚。因此，由慧思禪師「曲授心要」而被記錄成書的《大乘止觀》，也就是圓頓止觀了。故在《大乘止觀》的末章之中，也將禮佛、飲食，乃至大小便利等的日常生活，運用做為實踐止觀法門的方式。

我們再來介紹南嶽大師的生平及其著作。

他在三十四歲那年，在河南的兗州，為惡比丘所毒害，稍後至北齊的天保元年（西元五五〇年），被送歸鄴都（現在的河南省臨漳縣境），嗣後決意南行，捨眾弟子，渡淮河。天保四年，至郢州（現在的湖北省鍾祥縣境），為刺史劉懷寶開講筵，再度受到惡眾的毒害。天保五年，至光州（現在的河南省潢川縣）之開岳寺，為刺史等講《摩訶般若波羅蜜經》。那年他初度南遊，欲入南嶽的衡山，但為兵亂所阻而未果。翌年天保六年，師四十一歲，入光州的大蘇山（現在的大別山山脈之一個支脈，名為英山）。天保七年，於光州城西之觀邑寺，再講摩訶衍義之際，又受到惡論師的毒害。天保八年，師四十三歲，於南定州，受刺史之請，重講摩訶衍義一遍，復遭惡論師的迫害。天保九年，歸大蘇山，合得諸方求造經者諸比丘僧，於光城縣的齊光寺，造金字《大品般若經》及《法華經》。並且自作《立誓願文》一篇，以明其心志。由此願文的內容可知，當時的慧思禪師，聲望遠聞，從學之徒雲集。但所謂樹大招風，名大招嫉，妒其德望而妄加謗難是非的事件，也多了起來。

陳之光大二年（西元五六八年），師五十四歲的六月二十二日[31]，初入南嶽衡山，感悟了三生行道的跡象。於是講筵益盛，所受道士等的謗難，也與日俱增。但他能在陳宣帝的外護之下，專修法華及般若三昧，終得六根清淨位。關於這點，《佛祖統紀》卷六，有如下的一段記載：「顗師問：『所證是十地耶？』曰：『吾一生望入銅輪（圓十住），以領徒太早，損己益他，但居鐵輪耳（師獲六根清淨，即圓十信，別三十心，《華嚴》梵行、《瓔珞》鐵輪位也）。』」[32]又在《法華傳記》中發現：「復悟法華三昧，大乘法門，境界明了，位至六根淨。」[33]

陳宣帝為表對於慧思禪師的優遇，特稱其為「大禪師」、「思大和尚」、「思禪師」之德號，即是根據以此。他在南嶽，一住就是十年，直到太建九年（西元五七七年），均在禪觀之靜思之中度過。他也就在那年的六月二十二日[34]，以六十三歲的世壽入寂。他的弟子很多，著名者則有為首的智顗、僧照、大善、慧成、慧超、慧耀、慧涌、慧威、智瓘、慧命、玄光、慧瓘，以及靈辯等諸龍象。

再講南嶽大師的著作，有文史可查的，有如下的多種記載：

（一）道宣撰《大唐內典錄》卷五㉟稱，共有八部十卷：

1.《四十二字門》二卷。
2.《無諍門》二卷。
3.《隨自意三昧》一卷。
4.《次第禪要》一卷。
5.《釋論玄門》一卷。
6.《三智觀門》一卷。
7.《安樂行法》一卷。
8.《弘誓願文》一卷。（「弘」字當係「立」字誤）

（二）《佛祖統紀》卷六㊱稱，共有九部十二卷，比《大唐內典錄》多了一部二卷的《大乘止觀》。

（三）日本傳教大師最澄（西元七六七—八二二年）的《台州錄》㊲中，則說南嶽大師作有《發願文》、《安樂行》之外，尚有《受菩薩戒文》一卷。

（四）日本慈覺大師圓仁（西元七九四—八六四年）的《求法目錄》㊳則謂南嶽有《四十二字開義》、《無諍三昧》、《隨自意三昧》等。

（五）道宣的《續高僧傳》卷十七㊴，謂有七部九卷：

1.《四十二字門》二卷。
2.《無諍行門》二卷。
3.《釋論玄》一卷。
4.《隨自意》一卷。
5.《安樂行》一卷。
6.《次第禪要》一卷。
7.《三智觀門》一卷。

《續高僧傳》與《大唐內典錄》，同為道宣一人所撰，也有詳略不同，《續高僧傳》比《大唐內典錄》少列了一種《立誓願文》。

（六）《景德傳燈錄》卷二十七的「南嶽傳」㊵中則謂有《四十二字門》及《無諍行門》各二卷，《釋論玄》、《隨自意》、《安樂行》、《次第禪要》、

《三智觀門》者五部各一卷。合為七部九卷。

（七）島地大等氏的《天台教學史》❹❶，除了以上所舉的以外，又加上《大乘入道章》一部二卷。其排列次序為：

1. 《大乘止觀法門》二卷。
2. 《四十二字門觀》二卷。
3. 《安樂行義》一卷。
4. 《立誓願文》一卷。
5. 《諸法無諍三昧法門》二卷。
6. 《三智觀門》一卷。
7. 《次第禪要》一卷。
8. 《釋論玄》一卷。
9. 《受菩薩戒文》一卷。（「文」字當係「儀」字誤）
10. 《大乘入道章》二卷。
11. 《隨自意三昧》一卷。

共計十一部十五卷，但是，現存者僅得其中的《立誓願文》、《諸法無諍三昧法門》、《安樂行義》、《大乘止觀法門》、《隨自意三昧》、《受菩薩戒儀》等六部八卷。但在《大日本校訂大藏經》（《縮藏》）陽帙第四冊，以及《大正》冊四十六，均只收入其中的《大乘止觀法門》、《法華經安樂行義》、《諸法無諍三昧法門》、《南嶽思大禪師立誓願文》共四部八卷。因此若要研究現存的南嶽大師資料很少。正由於根據僅存的少數資料，來查考南嶽大師的著作，便發生了思想基礎上的不調和現象，特別對於《大乘止觀》這部書的作者問題，異論紛紜，迄今未能解決。此到後面再做詳細的探討吧。

註解

❶ 慧思禪師的《立誓願文》。《大正》四十六・七八七頁上。

❷ 志磐撰《佛祖統紀》卷六。《大正》四十九・一七九頁上。

❸《立誓願文》。《大正》四十六・七八七頁上。

❹《佛祖統紀》卷六。《大正》四十九・一七九頁上。

❺ 唐湛然的《止觀輔行傳弘決》卷一之一。《大正》四十六・一四九頁上。

❻重、輕、冷、熱、澀、滑、軟、粗，稱為八觸。

❼《大正》四十九．一七九頁上—中。《續高僧傳》卷十七，《大正》五十．五六三頁上參考。

❽《立誓願文》。《大正》四十六．七八七頁上—中。

❾同右，《大正》四十六．七八七頁中。

❿同右，《大正》四十六．七八七頁中—下。

⓫《大正》五十．五六三頁下—五六四頁上。

⓬同右，五六三頁上。

⓭《大正》五十．九七六頁上。

⓮日人平了照氏的〈南嶽慧思傳に就いて〉。《山家學報》新一卷一號。

⓯《大正》五十．五六三頁上。

⓰《大正》四十六．七八七頁上。

⓱《大正》四十六．七八七頁中。

⓲《大正》五十．五六三頁上—中。

⓳《大正》四十六．七九二頁上。

⓴《大正》四十六．七八七頁上。

㉑《大正》四十六．七九一頁下。

㉒《大正》四十六．七八七頁中。

㉓《大正》四十六．六二九頁中。

㉔《大正》四十六．一頁下。

㉕《大正》五十．五六四頁上。

㉖《大正》四十六．四六二頁上。

㉗《大正》四十六．六九七頁下。

㉘《大正》四十六．六三五頁中。

㉙《受菩薩戒儀》。《卍續藏》一〇五．八頁下。

㉚大川圓領氏的《南嶽慧思》。《東洋大學論纂》一，昭和十六年十二月出版。

㉛慧思禪師入南嶽的年代，諸說不一，可舉者有如下七類：

（一）陳之光大二年六月二十二日說者為《續高僧傳》、《天台九祖傳》、《高僧摘要》、《大乘止觀宗圓記》卷一。

（二）陳之光大二年六月說者為《佛祖綱目》。

（三）陳之光大二年說者為《釋門正統》、《佛祖統紀》、《法華經持驗記》。

（四）陳之光大二年六月二十三日說者為《佛祖歷代通載》。
（五）陳之光大元年說者為《釋氏稽古略》。
（六）陳之光大元年六月二十三日說者為《景德傳燈錄》。
（七）陳之光大六年六月二十三日說者為《指月錄》。唯其不論於何年進住南嶽，慧思禪師於南嶽住了十年，則為古來之定說，因此，若以慧思禪師的入寂年時而言，乃是太建九年（西元五七七年），以此年代向上逆推十年，便是陳之光大二年（西元五六八年），為入南嶽的正確記載了。光大元年及光大六年之說，當係誤傳之筆。

32 《大正》四十九．一八〇頁中。

33 《大正》五十一．五十九頁中。

34 慧思禪師入寂的年代，也有三說：
（一）陳之太建九年六月二十二日說者為《續高僧傳》、《弘贊法華傳》、《景德傳燈錄》、《天台九祖傳》、《釋門正統》、《佛祖統紀》、《佛祖歷代通載》、《新科六學僧傳》、《釋氏稽古略》、《指月錄》、《高僧摘要》、《大乘止觀法門宗圓記》卷一等。
（二）陳之太建九年六月說者為《佛祖綱目》、《法華經持驗記》。
（三）陳之太建九年說者則為《法華經顯應錄》。

㉟《大正》五十五．二八三頁下。

㊱《大正》四十九．一八〇頁下。

㊲日本傳教大師最澄《將來目錄》中之《台州錄》一卷。《大正》五十五．一〇五六頁。

㊳日本圓仁於日本國承和五年（西元八三八年，也就是我國唐朝文宗開成三年）之《入唐求法目錄》。

㊴《大正》五十．五六四頁上。

㊵《大正》五十一．四三一頁下。

㊶《現代佛教名著全集》九．二五二頁下。

第二節 《大乘止觀》真偽問題的有關資料

《大乘止觀》之為慧思撰述說的真偽問題的最先做有力的提出者，是於日本鎌倉時代（西元一一九二—一三三三年）之初，由一位名叫寶地房證真的天台學者，在他撰作天台《三大部私記》之際，涉及《大乘止觀》這部書時，便舉出了許多理由，懷疑現存文的《大乘止觀》，不像是出於南嶽大師的作品。雖然在這以前，或在這以後，也有許多議論，但以證真的觀點最具代表性。

若以傳統的觀念或說法，本論是出於天台宗的第三祖南嶽大師的「曲授心要」，被編入現行《大正》冊四十六的，也是這部論書❶。現傳本書的流傳，則始於由日本送返中國之時，這是由於唐末五代的兵亂相繼，本書即與許多其他的佛典，便在中國散佚，卻在海外的日本等地，還被保留著很多珍本，本書可能是其中之一。到了趙宋之際，戰亂已過，國家平靜之後，有四明知禮（西元九六〇—一〇二八年）出而再興中國的天台宗風，故在南宋咸平三年（西元一〇〇〇年），日僧寂照（惠心僧都源信的弟子），將本書送到了中國的浙江省奉化地方，登鄮嶺之靈山，解篋出卷於遵式（武林天竺寺的慈雲懺主，西元九六四—一〇三二年）之前❷，當時的遵式，對於本書嘉許不已，且為製序，又藉朱公頔的助力，將本書模板，廣為流布。此為本書在中國再度流通的開始，在此之前，初度流通的文書記載，則不易求得了。

在此之後，經過一百餘年，到了南宋宣和三年（西元一一二一年），智涌了然（西元一〇七七—一一四一年）❸，為本書撰寫《大乘止觀法門宗圓記》（以下略稱《宗圓記》）五卷；又過五百多年，到了明末時代的蕅益智旭（西元一五九九—

一六五五年）❹，撰有《大乘止觀法門釋要》（以下略稱《釋要》）四卷。再過二百六十八年，到了民國的癸亥（西元一九二三年）之夏，寧波觀宗寺的諦閑，述作了《大乘止觀述記》（以下略稱《述記》）二十卷。以上三位大師，均以真摯和虔誠的態度，抱著弘揚本書的志願，來為本書作釋，因此，本書之在中國佛教界，自始即未懷疑它不是出於南嶽的作品。

現在，再就有關本書流傳的各種史料，加以論述如下：

（一）本書在中國的流傳

1. 寂照（又稱寂昭）之來華與遵式的流布

據說，日僧寂照，於咸平年間（西元九九八——一〇〇三年），將本書還傳至中國，在此以前，有關本書在中國流布的資料，迄今尚未發現過。至於寂照來華的事實，以及本書從那以後又在中國流布的消息，可從如下的資料中得知詳情：

⑴根據遵式為本書所製的序文——〈南嶽禪師大乘止觀原序〉曰：「噫！斯文也，歲月遼遠，因韜晦於海外；道將復行也，果咸平三祀，日本國圓通大師寂照，

錫背扶桑，杯汎諸夏，既登鄮嶺，解篋出卷。天竺沙門遵式，首而得之；度支外郎朱公頔，冠首序，出俸錢，模板，廣而行之。」[5]

(2)朱頔為本書作的序文所記，亦與遵式的序文相似，他說：「嗟夫！斯教雖大顯示啟來者，而人世末之普見。流于海外，逮五百年。咸平中，日本國僧寂照，以斯教，航海而來，復歸聖朝。」[6]

(3)以上二種，載於智旭的《釋要》之首，智旭本人，亦信此說為實，故在他自著《釋要》的本文中，也有這樣的記述：「今試細讀，實為圓三止觀總綱，文不繁而義已備，獨慈雲懺主五百年後，序而行之，迄今又將五百餘年。」[7]又說：「按此法門，唐末流散海外，有宋咸平三年，日本國寂炤，持此本至四明，慈雲師得之，為作序流通云。」[8]

以上三人的意見雖同，但是，朱頔謂：「流于海外，逮五百年」；智旭則稱：「唐末流散海外」。若據前者所言，自南嶽大師之後，本書即流於海外，而未傳於中國本土了。《佛祖統紀》則與後者之說相當，在其卷二十五之《山家教典志》中，所標「南岳《大乘止觀》二卷」項下，有如下的一段記述：「唐末教典，流散海外，本朝咸平三年，日本國寂照，持此本至四明，慈雲得之，為作序云。初卷開

止觀之解，次卷示止觀之行。」❾

由此看來，宋之咸平三年（西元一〇〇〇年）或咸平中，因為日本僧人寂照之來華，而得到本書如慈雲懺主遵式那樣的人，並未對其是否出自南嶽所著的真偽問題，發生任何懷疑，唯以歡欣之情，為之製序，並請朱頔，為之出資刊出。

2. 本書的三種註釋書

(1)《宗圓記》五卷，收於《卍續藏》九十八冊，宋代的了然所述。這是將《大乘止觀》，視為南嶽大師親撰，並以圓教的觀點，來做註解的一部書。不但未對撰者的問題置疑，且係以其極為虔敬的態度，做了細密的疏釋。他是採用逐字逐句的全文解釋的方式，然而，通覽其全書，約可舉出如次的三項特色：

a. 所釋文旨，力求與天台智顗的止觀會同來看。故在其敘述撰著《宗圓記》的十種因緣之第一條，便說：「欲會天台所說止觀與師不殊故」❿。他確信本書是南嶽所撰，又在重視傳統相承的信念下，也確認天台止觀的源頭，便是南嶽的本書。例如他為南嶽讀《法華經》十如是文所做的辯護⓫；又以天台的一念三千，意想本於南嶽⓬；另說本書的止觀體性之三性，和天台的《摩訶止觀》之〈正修章〉同一意趣⓭。並且論及南嶽止觀與天台止觀之同異⓮；一性與三千性相，是異名同體⓯；

南嶽的《大乘止觀》，乃屬於天台止觀中的圓頓止觀[16]。縱覽《宗圓記》全書，幾乎處處瀰漫了這種意願的傾向。

b. 精簡本書中所用名相義理之與《起信論》及唯識等所用之異同點。《大乘止觀》採用的法相，類同並出於《起信論》及唯識論等者不少，了然對於這些，為了自他之立義不同，避免自宗與他宗混同起見，做了苦心的簡別。例如將一心與真如[17]；業識、轉識、現識、虛狀等[18]；二種如來藏，如實空和如實不空[19]；體、相、用之三大[20]等，與《起信論》所做之對比。又以三性之名義[21]，轉識得智之意義[22]等，和唯識比較，而做的同異公辨。

c. 詳細判析與本書文字相關的名相教義。了然不僅條釋正面的文意，並且對於關聯的名相教義，提出種種的問題，加以申論解釋。這在《宗圓記》卷首所標多達五張紙四百三十多項的「條箇」之中可見，他在撰著這種疏釋書時，對於天台教學中的許多問題，提出了他自己的見地[23]。

(2)《釋要》四卷，現收於《卍續藏》九十八冊，明代的智旭所撰。在對於本書撰者的問題上，智旭也和了然相同，毫未置疑，並且也是全部依照著天台教義的觀點，予以解釋的。他一開始，以能起所起等八門十六雙義，解釋「大乘止觀法門」一六個字的題義，很巧妙地以此點示出了本書的要旨，為讀者簡略地提供了全書的綱領。這部《釋要》，係以適當的科判，分析論文，顯彰文意。大體上說，智旭的見解，乃以本書和天台止觀，是站在「名異義同」的立場，故將本書的一心，視為真如心，即是現前一念的妄心。以本書中止觀境界的三性，來會通《摩訶止觀》的十境㉔；或以《摩訶止觀》的十乘，來配合《大乘止觀》全書的綱領㉕。又對本書所用阿梨耶識、覺不覺、如來藏之名義，以及三性三無性等的名義，均依《起信論》和唯識論等做解釋，最後即達成了與天台之本義相融合的目的，使得本書成為天台化的止觀法門，同時肯定了它的價值。比起了然的《宗圓記》，智旭的《釋要》，稍嫌簡單了一點，但對初心入門者而言，想要求知《大乘止觀》之大綱的話，那又寧可捨彼而取此了㉖。

(3)《述記》二十卷，民國增修《大藏經》會校印，浙江省觀宗寺諦閑說，德明、聖性、聖心筆記，江妙煦勝觀居士「演述」並製序，民國癸亥（西元一九二三年）夏，經歷八個年頭而完成，根據其序文所稱：「教傳震旦，去聖時遙，障深莫辨夫津涯，慧淺罕窺其宗趣……於是南嶽大師《大乘止觀》，慨焉有作。」可知此書的態度，也和《宗圓記》及《釋要》相同，視本書為南嶽的親撰，而以天台智顗的教學思想，加以註釋。例如他以天台的三止三觀及三諦說，解釋本書的止觀法門[27]；又將天台的四教判，來配合本書的圓融義[28]；以天台的百界千如及一念三千，來解釋本書的性染與性淨之俱時具有義[29]；更以為本書的三性三無性，乃與天台的三智三諦是同義異名[30]。此書比之以《宗圓記》及《釋要》，有兩個特點：一是夾釋夾議，並加附註，讀來要比較容易明瞭；二是強調極樂淨土的欣求[31]。唯其對於考證事例，稍感疏略。

3.見於僧傳及經錄的有關資料

在僧傳之中，對於本書的揭載，僅見於志磐的《佛祖統紀》，此書撰成於南宋度宗咸淳五年（西元一二六九年），乃在寂照來華之後的二百七十年了。至於其他各種的南嶽傳記之中，例如道宣的《續高僧傳》卷十七、《大唐內典錄》卷五，以及《景德傳燈錄》卷二十七等，均未提及《大乘止觀》這部書。《佛祖統紀》的「慧思傳」[32]，主要是根據《續高僧傳》的資料所寫成，只是插入了「《大乘止觀》二卷」的記述[33]。不過，從「唐末教典流散海外」[34]，而考察遵式的序文所說：「斯文也，歲月遼遠，因韜晦於海外」，以及朱頔所說的：「流于海外，逮五百年」[35]等之文獻，可知本書之在中國的散佚[36]，是在有名的唐末五代之際了。尤其從遵式及朱頔之末提及本書在其時代之前的流傳情況，更可確證。但在本書出現之後，以迄唐末之世的數百年間，為何也沒有關於本書的文獻可稽呢？此到後面，再予分析。

在經錄之中，載有本書者，則有《大明三藏聖教北藏目錄》一五三五——途；《大明三藏聖教南藏目錄》一五二七——踐；《大清三藏聖教目錄》一四七六——轂等。此等經錄，均係出於寂照攜帶本書來華之後的事了。在《卍續藏》所收智旭撰《釋要》之卷頭，除了附錄了遵式及朱頔的序文，尚有居士單照於乾隆五十四年（西元一七八九年）寫的重刊序文，以及於道光六年（西元一八二六年）比丘尼悟德通圓所寫的校正補刻序文[37]。此兩序文，雖可使讀者明白，到了晚清之際，尚有僧俗，弘傳本書，於思想的考察，則無關宏旨。

（二）本書在日本的有關記載

1. 奈良朝古文書

本書究於何時傳入日本，無法明瞭，但從已知為奈良中期之古文書的現存者中，對於本書的記述，毋寧是日本，而且是中、日兩國的最古資料，現在，依其年代的順序，分條說明其出現於古文書的年代如下：

(1)天平十九年八月及十一月（唐玄宗天寶六年，西元七四七年）條下㊳：「十七日充紙卅張，十一月廿日充六十張（正用五十四，六張者自先欠）。以上《止觀法門》一卷料。」

(2)天平勝寶三年五月廿五日（唐玄宗天寶十年，西元七五一年）條下㊴：「《大乘止觀論》一部二卷，遷禪師述。用紙七十張，一卷顗禪師述㊵，一卷曲授禪師述㊶。」

(3)天平勝寶五年五月七日（唐玄宗天寶十二年，西元七五三年）條下㊷：「又《大乘止觀法門》，南嶽思禪師曲授以明心道。五十四張。」

(4)又有一條的年月不詳，而其亦有如下的記載㊸：「《大乘止觀法門》一卷，南嶽思禪師曲授以明心道。五十四紙。」

以上四例，可注意者，乃其所述的作者，卻有三說：(3)及(4)條，大致相同；(1)條未說作者何人；(2)條則謂「遷」及「顗」兩禪師，各述一卷。這是相當使人困惑的事了。

2. 智證大師圓珍（西元八一四—八九一年）之所引

除了奈良朝古文書之為記載本書最古的文件之外，對於現行本書文字之引用得最早的人，當推圓珍所撰的《法華論記》了，該卷四[44]之引文均與現行本的本書一致。

3. 惠心僧都源信（西元九四二—一〇一七年）之所引

源信即是將本書送返中華的寂照之師，他所寫的〈法華辨體〉一文，雖係短篇，對於本書的引用，前後竟有五次之多，而達五百餘字。遣用文字雖有多少出入，大體要領一致[45]。

4. 理法房珍海（西元一〇九二—一一五二年）的敘述

珍海所著的《三論玄疏文義要》卷五[46]，以「性染有無事」為題，敘述本書的「染性本具」說，其原文如下：「有《大乘止觀》兩軸，是南嶽思禪師作，又有本題下云，曇遷法師制云云，彼云法性本非染淨，而須有染性，能生染用，亦有淨性，能起淨用也云云。今謂此言，有甚意趣，謂真如本性，雖非染淨，而能緣起染淨兩用。其淨用之性，說為淨性，非性是淨；其染亦爾，染之性故，說為染性，非性是染，此是非染，縱為染。末代淺學，執此為極，甚可悲慼！甚可悲慼！當知性惡是人推，盡非經論中之所說也。」

在佛教學中，性染思想，乃是本書的創說，亦為天台性惡思想的根源，此待第三章的第四節中，再做申論。

5.寶地房證真（平安之末—鎌倉初期）之考察

證真大概是西元一千二百年頃的人物，關於他的生死年月，尚無定說，生地亦不詳。據說他閱《大藏經》，先後達十六遍，乃是比叡山的一位大學者㊼。他所著的天台《三大部私記》，皆為其後日本天台學者視為研修的指南，故從享保（西元一七一六——一七三六年）以來，證真已被山家（叡山）學者，尊稱為中古之哲匠。對於本書的是否出於南嶽的真偽問題，在日本的天台家學者之中，即是證真的《三大部私記》，首開發難的端緒。主要者有如下的兩端：

⑴在《玄義私記》卷五㊽，有這樣的一段問答：

「問：《大乘止觀》云：一念創始發修之時，無明住地即分滅也㊾，故所起智慧，分分增明，故得果時速無明滅也㊿。彼文意云，通惑斷時，別惑亦斷，但相微難知，而實斷也。」

「答：或指伏名斷。又彼文恐非南岳所出，文勢不似大師筆故，義勢不似餘部文故。又《景德傳燈錄》二十七「南岳傳」中（中略）不云《大乘止觀》也。」

「問：若爾，何故和漢諸師，皆云大師所出？」

「答：未知所由。」

(2)又在《止觀私記》卷八❺❶，也有如下的一段文字：「彼文未必同今宗義，一者法性生一切法，今家判屬別教自生句也。二云由一心故，大小相入，此同仁王私記所引他義。三云大菩薩留煩惱。四者南嶽諸傳，不舉此文。五者文勢不似餘部故。六者或本題下注云曇遷撰，或本云遙惻撰。故未必定南嶽說，然山王院法華論記等，並云南嶽也。」

此外，引用本書者，尚有三處❺❷，雖未論及真偽問題，卻在引文之前，加上了「《大乘止觀者，未知彼宗意》」的說明。

6.日蓮（西元一二二二—一二八二年）之引述

鎌倉中期的日蓮，由其全書之中，發現了他曾兩度引用本書，他雖未做任何批評，但其對於《大乘止觀釋》（恐係指的《宗圓記》）以及遵式為本書所作序文的引用，在本書的流傳史上，也是不可忽視的事。現在將其分別抄錄如下：

(1)《當體義鈔》❺❸中說：「但真如妙理，有染淨二法，云事證文雖多之。《華嚴經》云，心佛及眾生，是三無差別文，與《法華經》諸法實相文，不可過也。南嶽大師云，心體具足染淨二法，而無異相，一味平等云云。又明鏡譬真實一二也。委如《大乘止觀釋》。」

(2)《顯佛未來記》[54]中說：「漢土《大藏》中，小乘經一向無之，大乘經多分失之，自日本寂照等少少渡之，雖然無傳持人，猶如木石，帶持衣鉢。故遵式云，始自西傳，猶月之生，今復自東返，猶日之昇等云云。」

日蓮的漢文文章，很不易讀，今讀其第二例，更知他抱有極濃厚的民族情感。

7.貞舜（西元一三三四——一四二二年）的記述

在貞舜所著的《七帖見聞》卷一中，標著「大乘止觀南嶽御釋歟事」之下，有如次的一段記述：「《大乘止觀》南嶽御釋歟事？答：或曰記云，大華嚴寺曇法師述云云。既依《起信論》，而彼論時代隋前後，非南嶽所覽。又《傳燈錄》舉南嶽釋中，不出《大乘止觀》。又了然法師《宗圓義》，南嶽釋有《無諍三昧》，恐是《大乘止觀》歟云云。而《大乘止觀》、《無諍三昧》共，日本有之，非同本云云。但《大乘止觀・序》，南嶽釋云云。又三河入道寂照，入唐歸朝時，《大乘止觀》隨身，南嶽釋披露可尋之也。」[55]

這是繼證真的《三大部私記》之後，日本學者之第二人，對於本書之真偽，產生懷疑者。當然，貞舜的此一考察，乃是相當粗率的。例如寂照來華，當我宋世，宜稱「入宋」，他卻說成了「入唐」。

8.其他

除了以上所述的重要資料之外，和本書有關的日本記述，尚有好多。

(1)《東域傳燈目錄》56，載有：「《大乘止觀》一卷，曇遷撰，未詳真偽。」又在《諸宗章疏錄》57卷一，也有同樣的記述。

(2)《大乘止觀見聞》一卷，泉尊記，貞和五年（西元一三四九年）寫，京都妙法院存。

(3)《大乘止觀釋要雜套》二卷，寫本，大正大學藏，一三三．六七。

(4)《大乘止觀頌》一卷，存於「佛教通俗講義」之中，釋清潭述，明治三十八年（西元一九〇五年）刊，大谷大學藏，餘洋六〇九。

(5)《大乘止觀頌註》一卷，此係德川幕府時代，日人妙立慈山（西元一六三七—一六九〇年），對本書正宗分末尾的頌文，作的註釋。刊於元祿四年（西元一六九一年），現在三處備存：a.龍谷大學二六五一．一，b.大谷大學餘大二六〇七，

c.立正大學A一二・四〇三。

(6)《大乘止觀真偽》一卷，豪實記，寫本，現存於比叡山的無動寺。

(7)除此之外：a.光謙（西元一六五二—一七三九年）曾於其所著的《止觀開講要議》中，對本書引用了兩個問答；b.普寂（西元一七〇七—一七八一年）在其《大乘起信論義記要決》、《摩訶止觀復真鈔》、《天台四教儀集註詮要》的三書之一，把本書列為偽書。

(8)明治以後，日本佛教學界，對於本書所作的議論者，大約有如下的十一篇文字可查：

a.天納中海氏的〈大乘止觀法門の真偽に就いて〉，《四明餘霞》第二六二號，明治四十年十月十日。

b.大野法道博士的〈南嶽慧思の學風〉，《佛教學》雜誌一卷三號，大正九年。

c.村上專精博士的〈大乘止觀法門の作者に就て〉，《佛教學》雜誌一卷一號，大正九年。

d.望月信亨博士的〈大乘止觀法門〉，《望月佛教大辭典》，四・三二七〇頁。

e.布施浩岳博士的〈南嶽大師と天台學〉，《宗教研究》新三卷五號，大正十五年。

f.平了照博士的〈南嶽大師の著書の真偽に就て〉，《山家學報》新一卷四號，昭和六年。

g.高橋勇夫氏的〈大乘止観法門の撰者に就て〉，《佛教研究》六卷四號，昭和十七年十至十二月號。

h.高橋勇夫氏的〈大乘止観法門の內容に關する研究〉，《東洋大學論纂》二號，昭和十七年。

i.安藤俊雄博士的《天台學——根本思想とその展開》一七〇頁。

j.坂本幸男博士的〈性起思想と惡について〉，《印度學佛教學研究》五卷二號。

k.關口真大博士的《天台止観の研究》九十二頁及一二七頁、一三四頁。

註解

❶《大正》四十六，《縮藏》陽四，《卍正藏》三十二．九頁。

❷依據《釋門正統》、契嵩所撰之《行業記》，以及《鐔津文集》卷十五。並參照陳垣氏的《釋氏疑年錄》二〇四頁。

❸根據《釋門正統》卷七。（參照《釋氏疑年錄》二五五頁）

❹依據《新續高僧傳》卷九、《靈峰宗論》卷首自傳。（參照《釋氏疑年錄》四〇七頁）

❺《大正》四十六．六四一頁下；《卍續藏》九十八．八七四頁下—八七五頁上。

❻《大正》四十六．六四一頁上；《卍續藏》九十八．八七三頁下。

❼《卍續藏》九十八．八七五頁上〈大乘止觀釋要自序〉。

❽《卍續藏》九十八．八七九頁下。

❾《佛祖統紀》卷二十五，《大正》四十九．二五八頁上。

❿《卍續藏》九十八．七一八頁下。

⓫同右，七七二頁上。

⓬同右，七七五頁上。

⓭同右，八三二頁下。

⑭同右，八四二頁下。
⑮同右，八四三頁下。
⑯同右，八四九頁上。
⑰同右，七二三頁下。
⑱同右，七二七頁下—七二八頁上。
⑲同右，七五六頁上。
⑳同右，八二二頁上。
㉑同右，八三九頁上。
㉒同右，八五七頁上—八五八頁上。
㉓《佛書解說大辭典》第七卷三〇五頁C—D參照。
㉔《卍續藏》九十八・八八二頁上、九三五頁上。
㉕同右，九四九頁上。
㉖《佛書解說大辭典》第七卷三〇四頁A—B參照。
㉗《大乘止觀述記》十七頁。
㉘同右，六十六頁。

㉙同右，九十六—九十七頁。

㉚同右，二〇七頁。

㉛同右，一三九頁等。

㉜《佛祖統紀》卷六，《大正》四十九・一七九頁上—一八〇頁下。

㉝同註❾。

㉞同註❺。

㉟同註❻。

㊱島地大等氏的《天台教學史》第三編第一章第一節（《現代佛教名著全集》九・二八九頁上）中說：「從來之諸宗，悉皆絕跡，經疏零落，幾至全部煙滅。」

㊲《卍續藏》九十八・八七二頁上—八七三頁上。

㊳《大日本古文書》九・十四頁；東洋文庫刊行石田茂作之《寫經より見たる奈良朝佛教の研究》附錄〈奈良朝現在一切經疏目錄〉二六一九號，至於此目錄所載的「天平十八」實係「天平十九」之誤。

㊴《大日本古文書》十一・五六六頁；《寫經より見たる奈良朝佛教の研究》附錄〈奈良朝現在一切經疏目錄〉二六三六號。

㊵在《寫經より見たる奈良朝佛教の研究》附錄〈奈良朝現在一切經疏目錄〉二六三三號項下，有「顗禪師」三字。

㊶「曲授禪師」的「曲授」二字，與現行本書卷首之「南嶽思大禪師曲授心要」的「曲授」二字相同，值得注意。

㊷《大日本古文書》十二・五二五頁。此項文書在《正倉院文書》，寫為《奉寫章疏集傳目錄》；《寫經より見たる奈良朝佛教の研究》附錄〈奈良朝現在一切經疏目錄〉中缺此記載。

㊸《大日本古文書》八・五三六頁；《寫經より見たる奈良朝佛教の研究》附錄〈奈良朝現在一切經疏目錄〉二六二〇號，雖其年代不詳，卻以其類推而被收於「天平十六年十二月廿四日」的條目之次條。

㊹《智證大師全集》一・一二四頁；《日本大藏經》卷二十三的《諸大乘論章疏》一・一四一頁。

㊺《惠心僧都全集》三・二七五—二八〇頁。

㊻《大正》七十・二八〇頁中。

㊼天納中海氏〈大乘止觀法門の真偽に就いて〉，《四明餘霞》二六二號六頁（明治四十年十月十日）。

㊽《大日本佛教全書》第二十一冊的《三大部私記》二〇七頁。

㊾本書卷一，《大正》四十六．六四三頁中。

㊿本書卷一：「得果時迷事無明滅也」。《大正》四十六．六四三頁中。

51《大日本佛教全書》第二十二冊的《三大部私記》五四二頁上。

52《玄義私記》五末二十三丁、三十丁、《止觀私記》五末三丁。

53《日蓮聖人遺文》昭和定本一．七五八頁。

54同右，七四一頁。

55村上專精氏的〈大乘止観法門の作者に就きて〉，《佛教學》雜誌一卷一號（大正九年六月十日）參照。

56日本永超所集，一卷，《大正》五十五．一一六一頁中。

57日本謙順所撰，三卷，現存於《大日本佛教全書》的《佛教書籍目錄》第一。

第三節　本書真偽問題之研究

如上節所舉，有關本書作者的傳述，以及真偽問題的討論者很多，但是，因其傳述不一，甚至最先提出真偽疑問的證真，也未敢做論斷。到了明治之後，雖有若干學者，為此問題，爭持很久，迄今仍未有人提出決定性的證據，來證實本書之真或偽。實際上，無論本書是否出於南嶽慧思的親撰，價值之偉大，依然絲毫不受影響，我們可從中、日兩國學者之重視本書的事實，得到明證；尤其在日本，本書的真偽問題係日人提出，他們重視本書並引用本書的歷代學者，卻又超過了中國。在上節，僅是列舉資料；在本節，我們再就資料，加以考察。

（一）慧思撰述說的檢討

1.有的學者以為，《大乘止觀》，雖非《起信論》的釋論，運用《起信論》來說明作者特有的思想之處，卻確實不少，可是《起信論》的譯者真諦，乃係慧思同一時代的人，慧思不可能見到《起信論》，以此推論，本書之謂出於南嶽慧思者，當屬一種誤信的傳說❶。

2.寶地房證真以為：「彼文恐非南岳所出，文勢不似大師筆故，義勢不似餘部文故；又《景德傳燈錄》二十七『南岳傳』中（中略）不云《大乘止觀》也。」

另外有人，更有如下的幾點疑問❷：

⑴根據南嶽的《立誓願文》來看，慧思乃是一位《法華經》和《般若經》的信仰者；若照他《隨自意三昧》等的思想路線，他之站在《般若經》的立場，是無可置疑的。可是，若從般若思想來看本書《大乘止觀》，毋寧要說是採納了《華嚴經》的意趣，較為正確。這一點，恐怕就是證真所說的「義勢不似餘部文」的理由了。

⑵慧思嘗師事慧文，他們兩人，同為龍樹的崇拜者，因此，也同為龍樹佛教學的宣傳者。可是，本書的立場，並不與龍樹系的思想相容，倒與無著系的淵源有關，例如運用分別性等三性說之法相，來說明大乘止觀的體狀，又採用《起信論》的論旨，做為理念的基礎，以說明止觀之所依止。

⑶天台大師，重視「金口相承」與「今師相承」，所謂「金口相承」，主要在於教相，「今師相承」則屬於觀門方便，此一觀門，當係相承於南嶽，故在《摩訶止觀》中，也說到「天台傳南嶽三種止觀」的事。然而本書之中，並沒有發現所謂「三種止觀」的說法，更可注意者，在所有現存的南嶽著作中，也都未見三種止觀的名目。

⑷主唱「今師相承」的天台智顗，在其著作之中，和他由於灌頂章安的錄記之

中，以及荊溪湛然的述作之中，竟然均未舉示《大乘止觀》的內容，甚至連本書的書名，也未提示過。又可注意者，南嶽現存之著作而未見於天台等著述中的，並不僅是《大乘止觀》。

(5)考察本書以外的南嶽著作，例如《隨自意三昧》、《諸法無諍三昧法門》，以及《次第禪門》等書，僅用了「禪定」及「三昧」等的名相，未嘗用過「止觀」的名稱。

(6)在《隨自意三昧》之中，乃以第八識為純淨的真識，第七識為純智的解識，前六識為煩惱妄想。這是當時盛行於北魏方面的地論宗的意趣。但是，本書對於心意識的觀念，則取《起信論》的立場，以第八阿梨耶識為真妄和合識，以第七識為我執識，此與當時地論宗的說法是不相容，倒是與攝論宗所說者相類似。若此兩書同為南嶽所作，何以會有不同的立場？

(7)南嶽曾經師事北齊慧文❸，慧文是由讀龍樹《中觀論》的〈觀四諦品〉偈：「眾因緣生法，我說即是無，亦為是假名，亦是中道義」，而得恍然大悟的人。所以，南嶽與北齊，也都是宗仰龍樹的人，亦以弘通龍樹的實相論為主。例如南嶽的《隨自意三昧》及《諸法無諍三昧法門》等，均係依據實相論而作的東西。可是本書，乃係依據馬鳴的《起信論》，即是一種緣起論的立場者。這一點，可能便是證真所指「文勢不似大師筆故」的理由了。

3.尚有學者以為❹：閱讀本書之時，偶爾可以發現其文章有若干澀滯之處。並且以為，本書之中，帶有和臭的文句者，最足注目的，即是本書開卷之處本文之前的一段長達六十五字的按語❺，以此亦可推及其他了。

同時，在貞舜的《七帖見聞》之中說：「或日記云，大華嚴寺曇法師述云云。」即依《起信論》，而彼論時代，隋前後，「非南嶽所覽」。另有永超的《東域傳燈目錄》，提及「《大乘止觀》一卷，曇遷撰，未詳真偽」。這是說，本書非出南嶽慧思，乃是出於曇遷之手。然而，曇遷是北地攝論宗的始祖，唯有住於禪定寺等的記載，尚未從其史傳之中，見過他曾住過大華嚴寺的文獻，何況《東域傳燈目錄》中，另也有著「《大乘止觀》一卷，南岳思撰」的記載。

至於南嶽是否能有見到《起信論》的可能，待下一段中再推考。如果僅以此點疑竇，而否定本書是由中國傳至日本的史實，甚至以為是出於日本學者的偽作，那是不足取信的事。

但是，卻有日本學者，從天台教學史的考察上，認為由天台始唱，經唐之荊溪為之敷演，及於宋之知禮將之再興，便在六識之上，成立了始覺的法門；日本方面，則經傳教、慈覺、智證、安然等人，在比叡山興起的日本天台宗，即在九識的建立之上，成立了本覺的法門。本書思想，則與之相當，故而推想是成立於日本平安時代（西元七八二—一一九七年）的中期，是出之於比叡山的學僧之手❻。其實，這是不堪一擊的一種假想，因為本書之在日本出現，早在奈良時代（西元七〇八—七八一年）的古文書中，已經有了記載，何至於反而到了平安時代才被日僧偽造出來！

（二）慧思真撰說的論定

1. 如前述貞舜的《七帖見聞》，以及其他的資料❼，以《起信論》的譯出年代做考察，來否定本書之為南嶽慧思的撰述，根據論者的反駁❽，已將此一觀點推翻。

(1)《歷代三寶紀》卷十一之太清四年（西元五五〇年）說。

(2)《開元釋教錄》卷六的承聖二年（西元五五三年）說。

(3)揚州僧智愷的〈起信論序〉之承聖三年（西元五五四年）說。

在此三說之中，最遲的一種為梁之承聖三年。南嶽慧思於北齊天保六年（西元五五五年），入光州之大蘇山，可見尚在他入大蘇山前之一年，乃至四年，《起信論》已被譯成了漢文。縱然以承聖三年為準，距離南嶽入寂的陳宣帝太建九年（西元五七七年），尚有二十三年或二十四年。所以，如說由於真諦與南嶽同時，便無法見到真諦所譯的《起信論》，在年代上的推論是站不住腳的了❾。

2.寶地房證真的《三大部私記》所指出的疑竇，共有六點，加以概括，則不出如下的四點：(1)與天台宗的宗義不符合；(2)在南嶽的各種傳記中，未見列舉本書之題名；(3)本書的文勢與南嶽的其餘各書不相類似；(4)在所傳的資料中，或謂本書是曇遷所撰，或稱是遙惻撰，事實上當然也有說是南嶽撰的。因此，證真本人，也只是疑而不決罷了！但這四點，可以包括前述的諸難。

現在，且對這四點的疑難，逐條批判如下：

(1)所謂與天台宗的宗義不符合，便懷疑本書之非南嶽所作，這是一種倒果為因的推論法，不合邏輯的原則。須知，天台宗的創始者，不是南嶽，而是南嶽的弟子天台智顗，南嶽的思想之一部分，固被智顗所承受，並將南嶽視為天台思想的主要源流。但是，南嶽慧思撰述本書，當在他的晚年，也就是在智顗於大蘇山親近慧思而已由大蘇山去了金陵之後，南嶽始撰本書，比起《諸法無諍三昧法門》的撰作年代，本書之撰成，要遲一些。可是，從智顗雖未從南嶽親承本書的思想，在智顗的思想中，承受本書的理念之處卻有很多，此且留到後面第三章中，詳作研討。

我們怎麼知道本書是南嶽的晚年作品？因在章安所寫的《智者大師別傳》之中，曾說到南嶽慧思授智者大師以「四安樂行」，這是智顗在大蘇山親近南嶽之際。又在南嶽的《法華經安樂行義》之中，說到了如《隨自意三昧》中說❿，可見《隨自意三昧》的撰作時間，要早於《法華經安樂行義》，《法華經安樂行義》則在智顗參於大蘇山的時代完成；另一篇《立誓願文》，也是始於大蘇山時期。至於《諸法無諍三昧法門》二卷，撰作的確實年代不詳，諸種南嶽傳記之中，卻多有列舉其題名者，在南嶽自己的其他諸作中，則未自舉其名，故有類於《大乘止觀》，但其用三昧之名為題，又類於《隨自意三昧》。以此推想，此文早於《大乘止觀》而遲於《法華經安樂行義》。再看《大乘止觀》的文字組織及思想體系，比起前述各種，均要整然而嚴密得多，加之在智顗的述作之中，也未見到此書之名。因而相信，乃係出於南嶽晚年的傑作了。

(2)因在南嶽諸傳記中，多未列舉本書之名，故而懷疑本書之非出於南嶽所作，這也未必能夠視為確論。我們從現存於藏經中的《大乘止觀》，標為「曲授心要」看來，可知本書不是撰述之作，而是一種口傳的或口述的作品，在唐之道宣時代（西元五九六—六六七年），可能尚未成為一部書的型態，故在道宣寫作《續高僧傳》（成於貞觀十九年，西元六四五年）及《大唐內典錄》（成於麟德元年，西元六六四年）之際，或者雖已成書，而尚流傳不廣，以致被道宣律師之所漏列。灌頂章安大師（西元五六一—六三二年）是天台三大部的功臣，他的時代與道宣相當而略早，在他所整理出來天台三大部中，未曾標示出本書之名，也就不足為奇了。

本書之在唐代，未能廣被流行的另一重要原因，可能在於玄奘憎惡舊譯經典所致。因為本書的成立年代，是在真諦譯出《起信論》及《攝大乘論》之後，又在玄奘自印度回國之前，本書之中，引用《起信論》與假借《攝大乘論》之處甚多，可是，一到玄奘回國（貞觀十九年）之後，即令教界「不許講舊所翻經」[11]。由此推想，本書是在《起信論》譯出而已流行之後，在玄奘回國之前的階段中，可能已由成立而被流傳，但到貞觀十九年後，由於玄奘的請求，不許再講舊所翻經，《起信論》及《攝大乘論》，正好屬於舊翻之列，以此舊翻之論書為基礎的中國著作如本書者，也可能受到了流通的禁止，道宣的《續高僧傳》正好也是完成於玄奘回國之年，《大唐內典錄》則更在其後十九年始成。

(3)本書的文勢與南嶽其餘各書不相類似，這也是事實，和《隨自意三昧》、《法華經安樂行義》、《諸法無諍三昧法門》等比照之下，本書確實不同。因為前者是站在龍樹實相論系統的立場，後者則為站在馬鳴緣起論系統的立場。然而，我們不妨做更進一步的研討，由於慧思著作之殘留於世者，為數不多，可能尚有若干部書的思想系統，和實相論相違而與緣起論相應者。因為實相論系統的印度著述，譯成漢文的時代較早，所以慧思的早期或前半期思想，是沿著北齊慧文的路線在走。當他後半期生命歷程中，因由真諦三藏譯出了《起信論》及《攝大乘論》和《攝大乘論釋》，便使他接觸到了新思想的啟示。前半期的他是依據《般若經》而有《隨自意三昧》及《諸法無諍三昧法門》兩種三昧的撰述；後半期則依據《起信論》及《華嚴經》而有本書之述說，以《起信論》為骨架而開示了一心三觀的止觀法門。由其前後所依經論之不同，義理及其文勢，自亦不能無異了。

再就上述不同的思想，加以考察，我們應當從認識論的觀點上推論。在佛教中的認識論，一般地說，可分成二種：一是凡夫的認識，二是佛陀的認識。我們凡夫乃至菩薩的認識，是相對的，是可因了環境及所受的教育和努力與否，而有改變的，因其尚未透得絕對的價值理念，所以是相對的；唯有佛陀，已經實證諸法實相，故為絕對的認識。南嶽大師之尚未成佛，乃是無可置疑的，因其自稱：「吾一生望入銅輪，以領徒太早，損己益他，但居鐵輪耳。」⓬故其前後思想系統之變遷，不足為異；況其基本之力行思想未變，由禪定三昧而進入止觀法門，說法不同，實際則是一樣東西。

同時，在佛教史上，一師的撰述而有義勢之互異者，亦不乏先例。比如印度的馬鳴，他為闡揚大乘之真如緣起論而著有《起信論》，又以《無我義經》論述了空無相的思想。再看龍樹的撰述，他以《十二門論》等宣說消極的實相論，又以《大智度論》等宣說積極的實相論⓭；他以《中觀論》、《十二門論》、《七十空性論》為主，來「破小揚大」，又以《迴諍論》、《六十頌如理論》、《廣破經》、《廣破論》為主，來論破外道；他以《大智度論》來高揚般若性空的思想，又在《十住毘婆沙論》之中，鼓吹了他力的淨土思想⓮。另看世親的撰述，他被稱為千部論主，然卻分別站於大乘及小乘的兩種立場，在大乘方面，又分別為《法華經》、《般若經》、《華嚴經》、《涅槃經》、《維摩經》、《阿彌陀經》等經做註釋，尤其著力於阿梨耶識思想和如來藏思想，所以他的撰述，極為複雜⓯。因此，到了世親的四大弟子，便各傳一系了：安慧（西元四七〇—五五〇年）傳其毘曇學；陳那（西元四〇〇—四八〇年）傳其唯識及因明；德光傳其小乘有部之律學；解脫軍（Aryavimuktisena）傳其般若學⓰。

我們以馬鳴、龍樹、世親之撰述態度，來比論南嶽慧思的思想之前後異趣，則很容易相信《大乘止觀》是出於南嶽的真傳了。

⑷由於有些資料中，曾說到曇遷撰述《大乘止觀》，遂有以為現存的本書為曇遷的作品⓱。但這同樣也是問題，因在《續高僧傳》卷十八的「曇遷傳」中⓲，亦未見其列出《大乘止觀》之書名。

既然有此傳說，不妨把與本書真偽問題有重大關聯的真諦、慧思、曇遷等三人的住世年代，對照列表如次：

真諦三藏：西元四九九—五六九年

南嶽慧思：西元五一五—五七七年

曇遷法師：西元五四二—六〇七年

從日本方面對於本書傳流史的考察，謂是出於曇遷者，綜合起來則有如下的六起：

a.奈良朝古文書「天平勝寶三年五月廿五日」條下⑲說：「遷禪師述。」

b.圓超（西元？—九一四年）撰《華嚴宗章疏并因明錄》⑳中說到：「《大乘止觀》一卷，曇遷述。」

c.永超（西元？—一〇九四年）撰《東域傳燈目錄》卷下中說到：「《大乘止觀》一卷，曇遷撰，未詳真偽。」㉑

d.珍海（西元一〇九二—一一五二年）撰《三論玄疏文義要》卷五㉒中說到：「有《大乘止觀》兩軸，是南嶽思禪師作，又有本題下云，曇遷法師制。」

e.證真的《止觀私記》卷八中有說到：「或本題下注云曇遷撰。」

f.貞舜（西元一三三四—一四二二年）的《七帖見聞》卷一，七十頁云：「或日記云，大華嚴寺曇法師述云云。」

若從這六起資料的年代上考察，此種敘述的根由，始於奈良朝古文書，此下諸人，不過是以訛傳訛而已。至於最早之人，怎會將本書誤傳成為曇遷所撰的呢？那亦並非全無原因，因為南嶽的寂年，僅比真諦的寂年晚了八年，在一般人的想像中，南嶽接受真諦的譯作而發為自己的論書者，比較沒有可能（實則並非不可能，已如前述），何況在南嶽傳記中，也未提及他與《起信論》和《攝大乘論》的關係。再說「曇遷傳」中，雖亦未曾列出本書之名，但其思想路線，頗與本書的立場類似，比如本書引用的《華嚴經》、《起信論》、《楞伽經》，尤其是《攝大乘論》，乃是曇遷於北地專門弘揚的大法，此在他的傳記中，有著明白的記載㉓；同時，當曇遷於二十一歲（西元五六二年）出家之時，《起信論》已被譯出了九年以上。根據這一判斷或猜想，便將本書誤傳為出於曇遷之手了。實則一書而於兩地被傳為兩師所出者，也不乏其他的例子，比如《瑜伽師地論》，在漢譯是彌勒造的，在藏譯則謂為無著造的，誰是誰非，頗難論斷。

不過，我是主張本書出於南嶽的真撰，但卻未必是由南嶽親筆寫成，已如前述，是屬於口述的論書，故與他親筆所寫的東西，在文字上也有出入。我們知道，天台智者，固有其親撰的作品，他的主要的天台三大部，卻是由他口述而為其弟子灌頂寫成的，故我相信，《大乘止觀》不是南嶽親撰，只是由其口述口傳，到他的弟子，甚或是再傳弟子之時，始被寫成。因在慧思禪師的三種傳記之中，均說到「口授」的事：

1. 《續高僧傳》卷十七：「凡所著作，口授成章，無所刪改。」[24]
2. 《景德傳燈錄》卷二十七：「凡有著述，皆口授，無所刪改。」[25]
3. 《佛祖統紀》卷六：「所著述，多口授，門人筆成章句。」[26]

因此，除了南嶽本人的思想有前後期之分，在他弟子筆錄的文字方面，也可因了人的不同而有不同，縱為一人筆錄，也可能有青年時代與晚年時代的不同[27]。《續高僧傳》與《景德傳燈錄》，均謂「無所刪改」，諒係指的文章義理，一如佛陀說法，也是口授成章，後經弟子結集，便成經典。又如孔子的《論語》，亦係口授成章，而為門人記錄成篇者。如要說成記錄後的文字與口授時的口語之間，一字不易者，是不可能的。當然，我僅作論斷，尚無法也不必做為本書真偽的最後定論。

註解

1. 布施浩岳博士的〈南嶽大師と天台學〉所引者，《宗教研究》新三卷五號（大正十五年九月一日）。

❷《佛教學》雜誌一卷一號（大正九年）。

❸《四明餘霞》第二六二號六—七頁（明治四十年十月十日）。

❹《佛教學》雜誌一卷一號三頁。

❺《大正》四十六．六四一頁下，有這樣的一段小字註明：「行者若欲修之，當於下止觀體狀文中學，若有所疑不決，然後遍讀當有斷疑之處也。又此所明悉依經論，其中多有經文論偈，不得不淨御之，恐招無敬之罪。」此段文字，以我看來，的確不像中國人所為，更非南嶽所說，乃係日本學人在寂照入宋之前，為了尊崇起見而作的按語。

❻《佛教學》雜誌一卷一號四頁。

❼《佛書解說大辭典》七卷三〇四頁。

❽《宗教研究》新三卷五號。

❾同右。

❿《大正》四十六．七〇〇頁下。

⓫《續高僧傳》卷二十五「法沖傳」。《大正》五十．六六六頁下。

⓬參同本章第一節註㉜。

⓭釋聖嚴的《印度佛教史》第九章第一節。

⑭《十住毘婆沙論》卷五〈易行品〉。《大正》二十六．四十頁下—四十五頁上。

⑮釋聖嚴的《印度佛教史》第十章第二節。

⑯釋聖嚴的《西藏佛教史》第二章第一節。

⑰《佛教研究》六卷四號六十九—七十頁（昭和十七年十月至十二月）。

⑱《大正》五十．五七四頁中。

⑲參看本章第二節二目一項(2)條。

⑳《大正》五十五．一一三四頁中。

㉑參同本章第二節註㊹。

㉒《大正》七十．二八〇頁中。

㉓《大正》五十．五七二頁上—中、五七四頁中。

㉔《大正》五十．五六四頁上。

㉕《大正》五十．四三一頁下。

㉖《大正》四十九．一八〇頁下。

㉗《四明餘霞》二六二號九頁。

第三章 《大乘止觀法門》的基本思想

第一節 本書的如來藏思想

梵語 tathāgata-garbha 意為「如來之藏」，即是被隱覆於一切眾生的貪瞋煩惱中的自性清淨的如來法身。

（一）本書有關如來藏思想的依據

在大乘經論之中，有關如來藏思想的敘述者頗多，現舉其中重要的，有如下的數種：

1. 《如來藏經》云：「我以佛眼觀一切眾生，貪欲恚癡諸煩惱中，有如來智、如來眼、如來身，結加趺坐，儼然不動。」❶

2.《涅槃經》卷八云：「我者，即是如來藏義，一切眾生悉有佛性，即是我義；如是我義，從本已來，常為無量煩惱所覆，是故眾生不能得見。」❷

3.《勝鬘經．法身章》云：「如來法身，不離煩惱藏，名如來藏。」❸

4.在《如來藏經》中，又舉九喻以說明如來之義，謂如來法身，雖覆於煩惱，而其自性清淨，絲毫不為煩惱所染。又如《法華經》卷二〈信解品〉的長者窮子喻，以及卷四之〈五百弟子受記品〉，所揭的衣內明珠喻等，均係譬顯如來藏思想❹。

5.又在《勝鬘經》的〈空義隱覆真實章〉中所說的如來藏，有空與不空二種差別：「世尊，如來藏智是如來空智。世尊，如來藏者，一切阿羅漢、辟支佛、大力菩薩，本所不見，本所不得。（中略）世尊，空如來藏，若離、若脫、若異，一切煩惱藏；世尊，不空如來藏，過於恆沙，不離、不脫、不異，不思議佛法。」❺這是說，如來藏與煩惱之間的關係，若將之區別而言，則為如來藏中，空去一切煩惱，名為空如來藏；如來藏又具足過於恆河沙數的不可思議佛法，與之不離、不脫、不異，名為不空如來藏。

6.另在《起信論》之中，將真如分為如實空及如實不空之二義。真如不與一切的染法相應，離一切差別之相，是謂如實空；真如常恆不變，淨法滿足，是謂如實不空❻，此與《勝鬘經》所說的如來藏之空及不空，大略一致。

7.《勝鬘經．法身章》又說了在纏與出纏的兩種如來藏：「若於無量煩惱藏所纏如來藏不疑惑者，於出無量煩惱藏法身亦無疑惑。」❼

8.《起信論》對於覺之體相，以四大鏡作喻中的「如實空鏡」（即是空如來藏）及「因熏習鏡」（即是不空如來藏），便是說的在纏之如來藏；「法出離鏡」及「緣熏習鏡」，乃是說的出纏之如來藏❽。此與《勝鬘經》的觀點，也是一致的。

從以上所舉八例，已使我們略知如來藏的梗概，至於本書所述的如來藏之名目，則謂：「此心即是自性清淨心，又名真如，亦名佛性，復名法身，又稱如來藏，亦號法界，復名法性。」❾

也就是說，在《大乘止觀》的立場，如來藏的異名，可有無量無邊。例如，在真常唯心系的大乘經論之中，尚有圓覺、空性、實相、實際、菩薩心、大涅槃、常住真心等，均可列於如來藏的異名同義之內。此亦即是被本書名為「大乘」的「一心」。

再來探究如來藏之教義，乃係基於 Garbha Upaniṣad 的胎藏說，將之與《舍利弗阿毘曇論》卷二十七〈緒分假心品〉等所說的心性本淨說，組織之後完成的。我們從西晉時代的竺法護，便提出了《如來藏經》的初譯來看，可知此一教義之在印度，成立得相當地早。此後譯成漢文的《法華經》、《涅槃經》、《勝鬘經》、《楞伽經》等諸大乘經，以及《佛性論》、《究竟一乘寶性論》、《起信論》等諸大乘論書，也是敷衍此一教義；對於中觀和瑜伽的兩大學派而言，並在印度自成一個學派系統，而且是一個有力的大乘佛教系統。至於《大乘止觀》的理論基礎，便在這些經驗之中，引用了不少⑩。

如上面所述，如來藏，亦名真如，在《攝大乘論》，稱為法界真如，此一法界真如，具有遍行等十種相，是為由初地至十地的所證之法。在《起信論》，以真如為眾生心的實體，謂：「一切法從本已來，離言說相，離名字相，離心緣相，畢竟平等，無有變異，不可破壞，唯是一心，故名真如。以一切言說假名無實，但隨妄念不可得故。言真如者，亦無有相，謂言說之極，因言遣言。此真如體，無有可遣，以一切法悉皆真故。亦無可立，以一切法皆同如故，當知一切法不可說不可念故，名為真如。」⑪這個真如，乃是離言的法體，既離言說之相，亦離心緣之相，唯是根本無分別智所證境界，而且此所謂真如這個名詞之成為語言，也是為了遮遣世間虛妄名言而假立的東西，究其實際，乃是無言可立的。既立言說，《起信論》便依於言說而將真如分別成為如實空及如實不空二義：真如理體，離絕妄念，畢竟空寂，故名如實空；自體儼然，具足無漏性功德法，故名如實不空⑫。這便是所謂的依言真如了。

根據真諦譯的《攝大乘論釋》卷十四則云：「此無垢清淨真如是常住法，諸佛以此為身故，諸佛身常住，由此身常住；依此身有眾德故，眾德亦常住。此常住，以真實性為相。」⑬《起信論》對此則謂：「若觀彼佛真如法身，常勤修習，畢竟得生，住正定故。」⑭

由這些論據看來，如來藏的確就是自性清淨的法身、法爾、法性、法界、真如等的異名同義。在本書中的「依止一心以修止觀」⑮者，這個「一心」（eka-citta），即是絕待無二的心性，也是萬有的根本原理，稱為真如，稱為如來藏。此在本書之中，有如下的一段說明：「云何名為真如？答曰：一切諸法，依此心有，以心為體。」又說：「以不生不滅，不增不減，故名之為真。三世諸佛及以眾生，同以此一淨心為體；凡聖諸法，自有差別異相，而此真心，無異無相，故名之為如。」更說：「又真如者，以一切法真實如是，唯是一心，故名此一心以為真如。」⑯

本書又引《起信論》做為論證：「一切諸法，從本已來，離言說相，離名字相，離心緣相，畢竟平等，無有變異，不可破壞，唯是一心，故名真如。」⑰這一段《起信論》句，我們已在前面的註十一中見過，以此可知本書與《起信論》的如來藏思想，關係何等密切。本書又說：「此心體雖為無量染法所覆，即復具足過恆河沙數無漏性功德法。」⑱此一觀點，又與前面註一及註四的《如來藏經》所示者一致⑲。

（二）本書有關如來藏的問題

根據上述，本書的基本立場，乃是立足於如來藏緣起的基礎之上。近世以來，特別在日本的佛教學界，對於如來藏思想的研究成果，已可謂相當豐富，與如來藏有關的大乘經論相當多，若以類型來加以考察，可有十五種或十七種之多⑳。現在暫且列舉與本書最有關係的六種經論之內容所示者，列表如次頁㉑。

經論名＼內容	皆有如來藏	心性本淨、客塵煩惱	空不空之如來藏	如來藏之染淨依持	如來藏之三義	如來藏與阿梨耶識	如來藏與心識說
《如來藏經》	*						
《勝鬘經》		*	*	*			
《攝大乘論釋》		*		*		*	
《佛性論》	*	*	*	*	*	*	
《入楞伽經》		*		*		*	*
《大乘起信論》						*	*

做為本書的最重要的基礎論典，當然是表中的《起信論》，有關《起信論》的撰者問題[22]，在日本、在中國的近世佛教學術界，議論頗多，迄今尚未得一定論。

不過，可以確定，《起信論》乃受了《入楞伽經》的很多影響[23]，它也像《楞伽經》那樣，顯示著將如來藏與阿梨耶識思想，結合為一的傾向㉔。這一點，且留到下一節中，再加說明。本書對於如來藏的思想，是站在怎樣的角度上來處理的呢？這便是以下所要討論的問題。

1. 如來藏的三義

本書卷一，有這樣的一段問答㉕：

「問曰：云何復名此心為如來藏？」

「答曰：有三義，一者能藏名藏，二者所藏名藏，三者能生名藏。所言能藏者，復有二種，一者如來果德法身，二者眾生性德淨心，並能包含染淨二性及染淨二事，無所妨礙，故言能藏名藏；藏體平等，名之為如，平等緣起，目之為來，此即是能藏名如來藏也。第二所藏名藏者，即此真心而為無明穀藏所覆藏，故名為所藏也；藏體無異無相，名之為如，體備染淨二用，目之為來，故言所藏名藏也。第三能生名藏者，如女胎藏能生於子，此心亦爾，體具染淨二性之用，故依染淨二種熏力，能生世間出世間法也。是故經云㉖：『如來藏者，是善不善因。』又復經言㉗：『心性是一，云何能生種種果報。』又復經言㉘：『諸佛正遍知海，從心想而生也。』故染淨平等，名之為如，能生染淨，目之為來，故言能生名如來藏也。」

像這樣的能藏、所藏、能生之如來藏三義之說，與一般所稱例如《佛性論》所言的能攝、所攝、隱覆之如來藏三義之說，似乎有些區別了。因為在《佛性論》卷二〈如來藏品〉之中，以如如智，稱如如境，不違二空，一切眾生，悉皆被攝藏於如來智內，是為所攝藏義；如來常住不變，眾生為煩惱隱覆而不能見，是為隱覆藏義；果地之無量功德，皆為本有之性德，悉為眾生之所攝藏，是為能攝藏義㉙。

進一步而言，再將本書的如來藏三義，與《佛性論》的如來藏三義，做一較為詳細的比較如下：

⑴本書的所藏，與《佛性論》的隱覆藏，兩者的名目雖異，實則都是站在如來藏的立場，以說明為無明所覆藏為宗旨，彼此約略一致。

⑵本書的能藏，與《佛性論》的所攝藏之內容，大略也是相同，本書說其能包「染淨二性及染淨二事」，《佛性論》則將「眾生攝於如來智中」。《佛性論》是約眾生而立名，本書則約如來藏而立名。

⑶本書立能生以闡明如來藏緣起，對此，《佛性論》則以說明眾生攝藏有果地無量功德的性德，而立能攝藏。因此，其中也攝有能藏之義了。

為了明瞭起見，不妨將本書和《佛性論》所持如來藏三義的同異之點，列表對照如下：

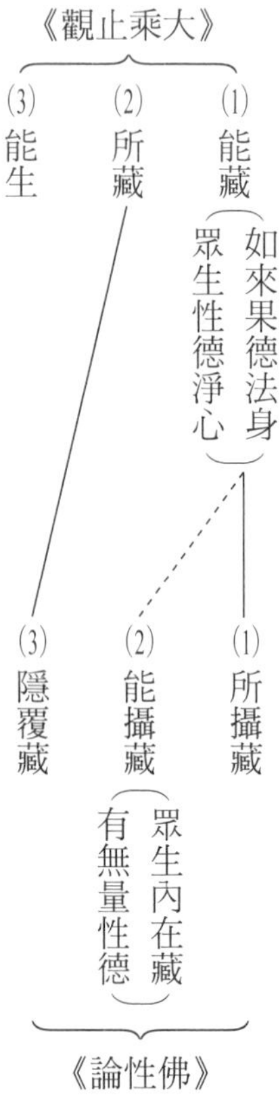

在此三義之中，《大乘止觀》的能生藏和《佛性論》的三義之任何一個，都不能相當。可是，在本書之中的能生藏，它的作者對它用力最多，如前面所引，特別舉了三種經語，用作論據的證明。

因此，本書的如來藏三義，毋寧是作者慧思禪師，在其參考經義論證之後，另行整理出來的一個新觀念，名之謂能生藏。因為無法從其他經論中，找到本書所用三種藏的名目，內容雖略與《佛性論》相近，但是像能生藏這個名目的出現，便可理解到慧思禪師並未以任何一經或一論的範型為滿足，他是站在如來藏的立場，綜理各家之言，做了新的調整。除了能所二藏之義，係取自《佛性論》的如來藏之三義之外，更進一步，又加上了能生之義，這是值得注目的一項新的考察。

同時，本書與《起信論》的關係相當密切，所以又依《起信論》以說明一切生滅之根源，《起信論》有云：「依如來藏故有生滅心。」㉚此在本書能生藏條下所舉經證之中，也說明了這一如來藏緣起的旨趣；在《起信論》中接著上文，連下來的是：「不生不滅與生滅和合，非一非異，名為阿梨耶識。」㉛也被本書之所引用㉜，故這亦即本書對於如來藏緣起所站的根本立場，以此真妄和合的「本識」做為中心，來展開本書所持的心意識論的體系。

2. 兩種如來藏

上面是就如來藏的三義，說明了如來藏之做為一心的三個異名異義。現在再就如來藏所依的一心之體狀，離相和不一不異相俱，以說明空和不空的兩種如來藏。此一如來藏的空義及不空，在《勝鬘經》的〈空義隱覆真實章第九〉中，有如下的說法：「世尊，有二種如來藏空智。世尊，空如來藏，若離、若脫、若異，一切煩惱藏；世尊，不空如來藏，過於恆沙，不離、不脫、不異，不思議佛法。」㉝

根據此做考察，如來藏之分作空及不空的兩種，乃是基於《勝鬘經》的理論而來。我們又在吉藏的《勝鬘寶窟》㉞中見到，如來藏有能藏與所藏的二面，能藏者是虛妄煩惱，所藏者是真實的佛。因此，空如來藏含有煩惱之空無的意味，不空如來藏則係對於佛性而言，具有一切功德的意味。此外，尚有其他的各種的解釋法，這些也是從佛性和煩惱的關係上，來對如來藏思想所做的一種考察。至於繼承《勝鬘經》所提出的空及不空兩種如來藏思想的，則尚有《究竟一乘寶性論》[35]和《大乘法界無差別論》[36]，此二論書乃是照著《勝鬘經》所說的原樣接受下來的。

但是，本書雖也承受了《勝鬘經》的二種如來藏思想，卻與《究竟一乘寶性論》及《大乘法界無差別論》不同，乃在接受《勝鬘經》的思想之外，又採用《起信論》所持如實空與如實不空的理論，來說明如來藏之空與不空[37]。例如本書說到空如來藏時，乃謂：「心體平等，妙絕染淨之相，非直心體自性平等所起，染淨等法亦復性自非有。」[38]

這是將平等之心體，總括起來，歸結於空的一種說法。在《起信論》中，以四大鏡喻，辨明體相之時，則謂：「一者，如實空鏡，遠離一切心境界相，無法可現，非覺照義故。」[39]

此處所謂的「遠離一切心境界相」，與本書所謂的「妙絕染淨之相」，涵義了無二致。但這僅是敘述了如來藏的空義之一面，至於如來藏的重點，實在是以不空之義為其中心的；因為，闡述空義即無言可說，為達空義，必須要從不空義下手。所謂不空，便是在纏的法身。故在本書談到不空之時，即具染淨二法，淨法方面，便是無漏性功德、出障淨德。所謂無漏功德者，便有如下的說明[40]：「即此淨心，雖平等一味，體無差別，而復具有過恆沙數無漏性功德法。所謂自性，有大智慧光明義故，真實識知義故，常樂我淨義故，如是等無量無邊性淨之法，唯是一心具有，如《起信論》廣明也。」[41]

這段文字，由「所謂自性」以下，均係引用的《起信論》。當在說明如來藏中所具的出障淨德之時，本書則謂：「由熏力故，德用顯現。」[42]也就是說，在阿梨耶識，如其不具此種出障淨德或解性功能，便不可能有成佛的希望，這是觸及如來藏之轉凡成聖的問題了。

本書以不空如來藏「具染淨二法」[43]，具淨法是說明一心的超越性，具染法是從內在論述一心的涵容性。換言之，如來藏在纏，即具染法，亦即如來藏的本質具有染法，它的內在的全體，便是《起信論》所說的「眾生心」。由此發足，做為其背景的，始為空、始為具淨法。在本書所論的染法之中，又分攝染性及染事[44]，此所謂染性，毋寧是現實的在纏如來藏之所應有的。至於阿梨耶識的不覺分，即是染事，則在《起信論》的四大鏡喻之第二，有如下的一段文字❹❺：「二者因熏習鏡，謂如實不空，一切世間境界，悉於中現，不出、不入、不失、不壞，常住一心，以一切法即真實性故。」

由此可見，本書採用了《勝鬘經》的空及不空的如來藏思想，也參用了《起信論》的如實空及如實不空的觀念，可是在不空的內容之中，將染法分攝染性及染事，又是本書的獨到見地。《起信論》雖是本書的根據，《起信論》卻未述及染性，而僅及於染事的「一切世間境界」。

註解

❶《大正》十六・四五七頁中—下。

❷《大正》十二・六四八頁中。

❸《大正》十二・二二一頁下。

❹《如來藏經》，《大正》十六・四六一—四六四頁。《法華經》，《大正》九・十六—十九、二十九頁。勝又俊教博士著《佛教における心識說の研究》六〇四頁。《望月佛教大辭典》四一四

三頁中—下。
❺《大正》十二・二二一頁下。
❻《大正》三十二・五七六頁上—中。
❼《大正》十二・二二一頁中。
❽《大正》三十二・五七六頁下。
❾《大正》四十六・六四二頁上。
❿拙論《大乘止觀法門之研究》第一章第二節〈本書徵引的經論詳考〉（《海潮音》五十二卷七月號）參照。
⓫《大正》三十二・五七六頁上。
⓬同註❻。
⓭《大正》三十一・二六二頁上。
⓮《大正》三十二・五八三頁上。
⓯《大正》四十六・六四二頁上。
⓰《大正》四十六・六四二頁中。
⓱《大正》三十二・五七六頁上，《大正》四十六・六四二頁中。

⓲《大正》四十六．六四四頁中。

⓳參照註❶及註❹。

⓴勝又俊教博士著《佛教における心識説の研究》六〇〇頁。

㉑參考同右。

㉒常盤大定氏著《支那佛教の研究》第二說：「關於這一問題，有古三家新五家」之說。該書二十七—三十頁參考。

㉓參考同右的四十九—五十四頁；望月信亨氏著《大乘起信論之研究》二十八—三十四頁。常盤大定氏說：「我是印度撰述論者，至少也是印度人所撰述的。（中略）回溯印度，與《奧義書》的關係，以及和《楞伽》、《勝鬘》、《四十華嚴》之諸經，《佛性》、《寶性》、《攝論》諸論，不無關係。」（同右三十—三十一頁）

㉔藤堂恭俊氏的〈如來藏の識說的理解〉中說：「《勝鬘經》是第二期大乘經典，它已將如來藏思想發達至於極點，《楞伽經》是第三期大乘經典，它便展開了如來藏思想的識說。」（《印度學佛教學研究》二卷一號一五一頁，昭和二十八年九月）小川弘貫氏的〈楞伽經に於ける如來藏思想〉中說：「就一般而言，如來藏思想大要可以如下的三個階段、梯次表現出來：1.宣說如來藏的經典群起（《如來藏經》、《不增不減經》等）。2.將第一階段的經典群，整理組織而成立了

發揚如來藏書群起（《佛性論》、《寶性論》等）。3.再將如來藏思想與阿梨耶識思想，結合起來的經論群起（《楞伽經》、《起信論》）等。」（《印度學佛教學研究》九卷一號二一三頁，昭和三十六年一月）

㉕《大正》四十六·六四四頁中。

㉖此係指的《楞伽經》。《大正》十六·五一〇頁中。

㉗此係指的六十卷本《華嚴經·菩薩明難品》。《大正》九·四二七頁上。

㉘此係指的《觀無量壽經》。《大正》十二·三四三頁上。

㉙《佛性論》卷二〈如來藏品〉。《大正》三十一·七九五頁下—七九六頁上。

㉚《大正》三十二·五七六頁中。

㉛同右。

㉜《大正》四十六·六五三頁下。

㉝《大正》十二·二二一頁下。

㉞《大正》三十七·七十二頁下—七十三頁上。

㉟《大正》三十一·八四〇頁上，《寶性論》卷四中說：「《勝鬘經》言：世尊，有二種如來藏空智。世尊，空如來藏，若離、若脫、若異，一切煩惱藏；世尊，不空如來藏，過於恆沙，不離、

不脫、不異，不思議佛法故。」

㊱《大正》三十一．八九三頁中，《大乘法界無差別論》中說：「復次，如說有二種如來藏空智，何等為二？所謂空如來藏，一切煩惱若離若脫智；不空如來藏，過恆河沙不思議諸佛法不離不脫智。」

㊲參照註❺。

㊳《大正》四十六．六四五頁中。

㊴參照註❻。《大正》三十二．五七六頁下。

㊵《大正》四十六．六四六頁上。

㊶《大正》三十二．五七九頁上，《起信論》的原文是：「從本已來，性自滿足一切功德。所謂自體有大智慧光明義故，遍照法界義故，真實識知義故，自性清淨心義故，常樂我淨義故，清涼不變自在義故。具足如是過於恆沙，不離、不斷、不異，不思議佛法，乃至滿足，無有所少義故，名為如來藏，亦名如來法身。」

㊷《大正》四十六．六四六頁上。

㊸同右。

㊹《大正》四十六．六四六頁中，《大乘止觀》卷一云：「次明具足染法者，就中復有二種差別，

一明具足染性，二明具足染事。初明具足染性者，此心雖復平等離相，而復具足一切染法之性，能生生死，能作生死。」《大正》四十六・六四七頁中，《大乘止觀》卷二云：「次明心體具足染事者，即彼染性為染業熏，故成無明住地及一切染法種子，依此種子現種種果報，此無明及與業果，即是染事也。」

❹❺《起信論》，《大正》三十二・五七六頁下。《大乘止觀》所引，《大正》四十六・六四七頁中。

第二節　本書的心意識論

（一）心意識是什麼？

心意識，即是心、意、識三者的合併稱呼。心的梵語名為質多（citta），意的梵語名為末那（manas），識的梵語名為毘若南（vijñāna），所謂心意識，乃是中國照其涵義譯出的名稱。實則僅是根據同一心體，由於能緣境的不同，而分別給予三種意義不同的名稱。

至於心意識的出典，也有種種說法。

小乘教的《大毘婆沙論》卷七十二中僅說：「諸契經中，說心意識。」❶

小乘教的《俱舍論》卷四則謂：「然心心所，於契經中，隨義建立，種種名想，今當辯此名義差別。頌曰：心意識體一，心心所有依，有緣有行相，相應義有五。」❷

由此「心意識體一」的見地看來，在小乘的說一切有部認為，心意識三者，不過是異名而同體的一件事物。然而，在大乘教中，卻以為不但名稱各異，其體亦各不同，心是指的第八阿賴耶識，意是指的第七末那識，識則為前六識的眼、耳、鼻、舌、身、意。此在《瑜伽師地論》卷六十三說：「此中諸識，皆名心意識。若就最勝，阿賴耶識名心，何以故，由此識能集聚一切法種子故，於一切時，緣執受境，緣不可知一類器境。末那名意，於一切時，執我我所及我慢等，思量為性。餘識名識，謂於境界，了別為相。」❸

又在《成唯識論》卷五中說：「薄伽梵處處經中說心意識三種別義。集起名心，思量名意，了別名識，是三別義。如是三義，雖通八識，而隨勝顯。第八名心，集諸法種起諸法故；第七名意，緣藏識等，恆審思量為我等故；餘六名識，於

六別境，麁動間斷，了別轉故。」❹

以這唯識學系的兩部大論書的見解，均將心意識三者，依其所顯功能的特長不同，而加區別為不同的三類。也就是說，因阿賴耶識的集聚或集起義勝，故名為心；因末那識的思想或思量義勝，故名為意；因前六識的了別義勝，故名為識。

另在《起信論》中，也將心意識三者個別闡述，它以心為阿梨耶識（與別處譯為阿賴耶識同），意為五意，識為前六識，現在引其原文如次：「生滅因緣者，所謂眾生依心意意識轉故。此義云何？以依阿梨耶識，說有無明。不覺而起，能見能現，能取境界，起念相續，故說為意。此意復有五種名。（中略）復次言意識者，即此相續識，依諸凡夫，取著轉深，計我我所，種種妄執，隨事攀緣，分別六塵，名為意識，亦名分離識，又復說名分別事識。」❺

此種見地，大致與《瑜伽師地論》等所說無異，所不同的是將「意」分出五種名目，稱為五意識，乃是《起信論》的特異之處。

再來考察心意識的名稱及其差別。阿賴耶識的梵語是ālaya，在漢文經論的譯名，尚有阿梨耶、阿羅耶、阿黎耶、阿剌耶等同音異字；有的略稱為賴耶或梨耶。它是八識之一，又是九識之一。它的意譯名稱，則有：無沒、藏、家，或為果報識、本識、宅識、第八識等等❻。

在《起信論》中，將阿梨耶識，做為真妄和合之識，含有覺與不覺的二重意義，亦即是把「心」分作「心真如」與「心生滅」之兩面。以心真如視作唯一的真心，亦謂之為自性清淨心；心生滅是依如來藏而有的生滅之心。而此兩者，依舊是不生不滅與生滅和合，乃是非一非異的東西，此一真妄和合識，《起信論》即名之為阿梨耶識。

將不生不滅的如來藏，和生滅的七識心，融合而成非一非異的狀態，復名之為阿梨耶識的思想，乃是對唯識系的阿賴耶識思想，做了調和的工作。《起信論》即依據這麼一個真妄和合的心，來說明意及意識的生起❼。

因此，這種觀點的心意識論，即是說，依心而生意，依意而生意識的思想，和那些多識論者所見的心（賴耶）、意（末那）、意識（前六識）的想法，便完全是另外的一個思想系統了。

這與舊譯的《楞伽經》所說：「阿賴耶為依，故有末那轉，依止心及意，餘轉識得生」的觀點，倒是吻合的。

至於《起信論》所謂的「意」，即是依無明力而不覺心動的業識，由於不覺心動，即起能見之相，名為轉識；能現一切境界，名為現識；分別染淨諸法，名為智識；以念相應不斷並住持過去無量世等善惡之業令皆不斷，名為相續識。把「意」的功能分作五類，稱為五意識。而且，五意識又是配合著《起信論》所特有的「三細」及「六麤」來講的，比起《瑜伽師地論》及唯識等論書中，對於意的解釋法，根本不能同日而語。所以這是《起信論》的獨特見解。所謂三細六麤與五意識的關係位置，可用表解對照如下。

五意識		
業識	無明業相	三細
轉識	能見相	三細
現識	境界相	三細
智識	智相（分別）	六麤
相續識	→ 相續相	六麤
	執取相	六麤
	計名字相	六麤
	起業相	六麤
	業繫苦相	六麤

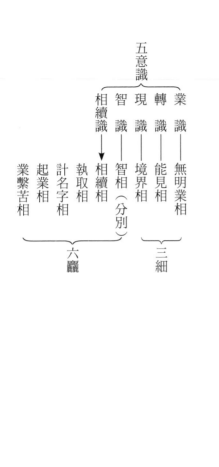

此處所謂的三細六麤，是指由根本不覺，生起三種細微相，再由緣境而生起六種麤顯相，乃是《起信論》對心相分析的假名標立。

再回到《起信論》所立五意識之下的意識，也叫作相續識，又名為分別事識。此處的相續識，和五意之中最後的那個相續識，是同一個心相，不外乎指的六識而言。

（二）本書的心意識論與三細六麤的關係

因為本書的心意識思想，與《起信論》所持者極為接近，所以不厭其煩地首先介紹了《起信論》。本書在心意識論方面，乃是基於如來藏緣起的思想，以真妄和合的本識為中心，展開其所要表現的理論體系。本書既與《起信論》的如來藏思想有關，當其涉及心意識論之時，更是以《起信論》的三細六麤，做了發展的基礎。現在且讓我們，對於本書的有關內容，加以檢討如下：

《大乘止觀》卷一云：「心依熏變，不覺自動，顯現虛狀。虛狀者，即是凡夫五陰及以六塵，亦名似識、似色、似塵也。似識者，即六七識也。」❽

《釋要》卷一云：「不覺念起，妄為明覺，此明覺者，即是無明，無明一動，三細六麤遂具，名為顯現虛狀。（中略）似者，一心所現，虛妄影狀，無實體故。（中略）識即前六識及第七識，此七皆無別體，依心而起，如水起波故也。」⑨

此種理論，即是《起信論》所說，以依阿梨耶識而有無明之意。因不覺起，遂有（業識）、能見（轉識）、能現（現識）、能取境界（智識），乃至起念相續（相續識），即由三細而及於六麤了。心依熏變的「熏」字，即是指的無明，因無明而不覺自動，「不覺自動」即是指的三種微細心相；由三細故而使虛狀顯現，「虛狀」即是六種麤顯的心相。本書的此一理論基礎之取自《起信論》，乃是極為明顯的事了。

《大乘止觀》又說：「然似識不了之義，即是果時無明，亦名迷境無明。是故經言：『於緣中癡故』。似識妄執之義，即是妄想所執之境，即成妄境界也。以果時無明熏心故，令心不覺，即是子時無明，亦名住地無明也。」⑩

《宗圓記》卷一云：「云緣中癡者，對因中癡而得此名。以迷本覺，無明為因，而生三細，即因中癡也。以迷境界為緣，而生六麤，即緣中癡也。」⑪

《述記》云：「不覺自動，顯現虛狀，此即《起信論》依不覺生三種細相之義也。蓋不覺即是根本無明。（中略）又曰因中癡（原註：無明為三毒中之癡），本書名為子時無明，住地無明。」[12]又云：「後半明由三細而有六麤之生起，即是子無明起現行而成果無明也。」[13]更謂：「此中似識不了，似識妄執，賅括《起信論》之智、相續、執取、計名字、起業，五種麤相，妄境界即第六麤，業繫苦相也。」[14]

本書在中國，僅有如上所舉的《宗圓記》、《釋要》、《述記》的三種註釋，而此三種，對於本書論及心意識的問題之時，幾乎一致地採用《起信論》的三細六麤之說，加以疏釋。我們自亦相信，這種觀點，並無可議之處。現在為了求其更為明顯起見，再把本書的心意識觀，和《起信論》的三細六麤說，加以整理配合，製成表解，對照如表格。

表上所示者，是說，由於子時無明的令心不覺或心依無明所熏而變動，心即產生似識的不覺自動而顯現的六七識的虛狀；此一似識的虛狀顯現之時，即成為迷於境界的果時無明；由此果時無明的似識不了，即起妄想執著，再因妄想而執妄境，便使眾生沉淪生死，無以自拔了。這是本書的觀點，但其卻是基於《起信論》的三細六麤，演化而成。若說得更加明白一些，我們皆知小乘教說有十二因緣的生死觀和還滅觀；那麼，不論是《起信論》的三細六麤，或本書的心意識論，皆為大乘教的生滅觀了。除此而外，本書的心意識思想，也連帶著和《起信論》的一心二門之說相關。

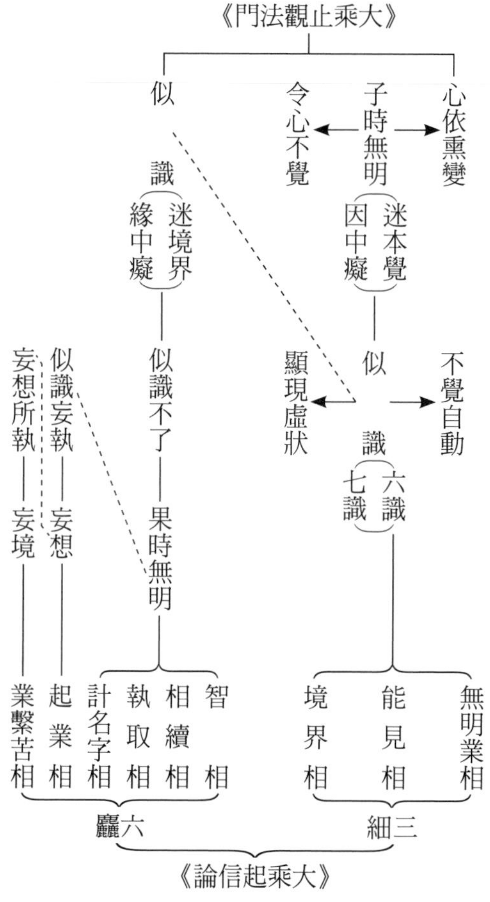

（三）本書的心意識論與一心二門的關係

本書的心意識論，在前面已經說過，乃是以真妄和合的「本識」為中心⓯而做申論的，但其除此體系之外，又以染淨二性為中心而構成了另一個體系。在後一體系中，常常表現出性惡的思想來，這是值得特別注意的一點。也就是說，本書在處理《起信論》的一心二門思想之時，另外又自行創出性染的觀念來。現在且就本書的有關內容，引錄之後再行研討。

《大乘止觀》卷二云：「所言一切凡聖唯以一心為體者，此心就體相論之，有其二種：一者真如平等心，此是體也，即是一切凡聖平等共相法身。二者阿梨耶識，即是相也。就此阿梨耶識中復有二種，一者清淨分依他性，亦名清淨和合識，即是一切聖人體也；二者染濁分依他性，亦名染濁和合識，即是一切眾生體也。」⓰

《釋要》卷三云：「真如平等心體，即所謂一心真如門也，乃全相之體，非於阿黎耶識相外別有體也。阿黎耶識相即所謂一心生滅門也，乃全體之相，非於真如平等心體外別有相也。清淨分依他性，即所謂生滅門中覺義也；染濁分依他性，即

所謂生滅門中不覺義也。」⓱

《大乘止觀》卷三又說：「真心是體，本識是相，六七等識是用。如似水為體，流為相，波為用，類此可知。是故論云⓲：『不生不滅與生滅和合，說名阿梨耶識』，即本識也，以與生死作本故名為本。」⓳

由此所錄《大乘止觀》的兩段文字看來，再將《釋要》中以《起信論》的一心二門與之配合解釋，又以《起信論》中阿梨耶識的覺與不覺之二義，來配合本書染淨二分的依他性做一考察，不論其是否恰如《釋要》的作者智旭（西元一五九九——一六五五年）的所見，但在本書所稱的「一切凡聖唯以一心為體」，這個真常的唯一的心體，與《起信論》的一心二門之「一心」，涵義並無二致；至於所稱心之體相分為真如平等的心體和阿梨耶識的心相，又與《起信論》的真如門及生滅門吻合；所不同者，本書在生滅門的阿梨耶識之內又分出做為聖人之體的清淨和合識，以及做為眾生之體的染濁和合識，乃是《起信論》中之所未明的，若以《起信論》的覺與不覺之二義，配合本書的染淨兩種依他性來講，雖無不通之理，但總尚有未妥：一則《起信論》中，並未涉及性的染淨問題；二則《起信論》中所言的覺，乃是法界一相的如來平等法身，所言的不覺是依本覺而有，本覺是對始覺義說，依不覺故說有始覺[20]。此與本書所言的阿梨耶識的清淨及染濁之二分依他性，實在並不完全相同。不過我們確可肯定，本書採用了《起信論》的一心二門思想做範型，又加上了作者自身的悟發創獲之見。

再說本書所謂的「真心是體」，以此一「體」字來配合一心的「心」字，毋寧要說，它與《攝大乘論》的九識說是一致的。那麼《起信論》所稱的「本覺」，在真諦三藏則為第九阿摩羅識的「能緣」；不覺無明，便是第八阿賴耶識的內容了。至於《起信論》的心體，乃是綜合了真諦三藏所謂的八、九識的內容而成。因此，我們若說本書的立場是繼承著《起信論》的體系，仍不為錯[21]。至於《起信論》所持的一心之體，在其離相的說明之中，有著明確的敘述[22]。

在做為心意識論之中心時的阿梨耶識，可謂即是對於現實的差別界的說明而言。在《攝大乘論》之中，對此的說明是依於三性而設有一個「以金藏土」的譬喻；因為本書的理論基礎，與《攝大乘論》也很有淵源，不妨將此譬喻，照錄如下：「譬如於金藏土中，見有三法，一地界、二金、三土。於地界中，土非有而顯現，金實有不顯現，此土若以火燒鍊，土則不現，金相自現。此地界土顯現時，由虛妄相顯現；金顯現時，由真實相顯現。是故地界有二分。如此本識未為無分別智火所燒鍊時，此識由虛妄分別性顯現，不由真實性顯現；若為無分別智火所燒鍊時，此識由成就真實性顯現，不由虛妄分別性顯現。」㉓

此中所稱的「本識」，即是阿賴耶識，現實的差別界，便是由於此一本識的虛妄分別性顯現而來，亦即本書所稱的「虛狀」之顯現，乃至此處的「本識」一詞，也為本書所用㉔。但是，本書同時也採用了《起信論》的立場，說了這樣的一句話：「在障之真與染和合名阿梨耶識」㉕，來說明其接受真妄和合識的態度。而且還說：「此能持之功能與所持之氣和合故，名為子時阿梨耶識也。依熏現法之能，與所現之相和合故，名為果報阿梨耶識。此二識，體一用異也。」㉖

這是將作阿梨耶識分子時（因中）的及果報（顯現）的二分來講。此在《宗圓記》的看法是唯因配果㉗，《釋要》則配以種子與現行㉘。實則兩者均不一定妥當。倒不如說，子時的阿梨耶識，相當於《攝大乘論》所說本識之三相㉙中的自相，即是後世稱為新譯的「種子生種子」，來得更為貼切；至於果報阿梨耶識，持有因相及果相，含有種子生現行，同時也含有現行熏種子的意思。

而此阿梨耶識的染淨二分㉚或覺不覺的二分㉛之中，稱為覺的淨分是解性㉜，不覺的染分即是無明㉝。此等如何現出生滅世界，又如何斷惑證真，則可於染淨二性的名義解明中得到消息。正如上面所說的那樣，本書是立足於如來藏緣起的基礎上，而於阿梨耶識建立見相二分，但其並非意味著即與三性之說有何關聯，因為，對於唯識而論，毋寧說本書是站在唯心的立場。

再說本書對於第七識所持的看法，已經明白地說過「六七等識是用」[34]，又說「以七識是我執識故，不能見心本寂」[35]，把第七識視作「我執識」之外，本書之中便未再對第七識做過任何論列了。因此，在本書之中，做為修行的意識，實則是以第六意識為中心的。

例如本書卷三說：「以意識依止此心修行止觀也。」又云：「以意識能知名義故。」[36]此一能知名義的意識，自然是第六識而不是第七的「我執識」了。

此在《宗圓記》卷四也說：「意識有起觀之功也。」[37]能起觀者，必然是第六識。故在《述記》之中，說得更為詳細：「八個識中，力用之大，必推六七二識。然而第七末那但能恆常審量，妄執我見；唯有第六意識，既明且利，無境不能緣，無事不能作。（中略）故意識若轉，末那亦隨之而轉。（中略）意識若轉，諸識隨轉。所以修行止觀，必從意識下手者此也。」[38]

本書以如上所述的心意識為背景的條件下，又時而提到：「此心體雖復平等，而即本具染淨二用。」[39]也就是說，在此平等的心體之中，直接具有染淨二性。

因此，本書的心意識，若與一般比較起來，在骨子裡，乃是將重心置於染淨問題這一方面的。此可用本頁的圖表，把它顯示出來。

現在，我們再就此圖所示為中心，對於流轉與還滅之二門，說明一下。此中的心體，法界法爾，具有染淨二性，無始本有的無明，本來無體而不離淨心，由其熏於染性而成為無明住地及一切染法，以至顯現種種果報於此現實世界。

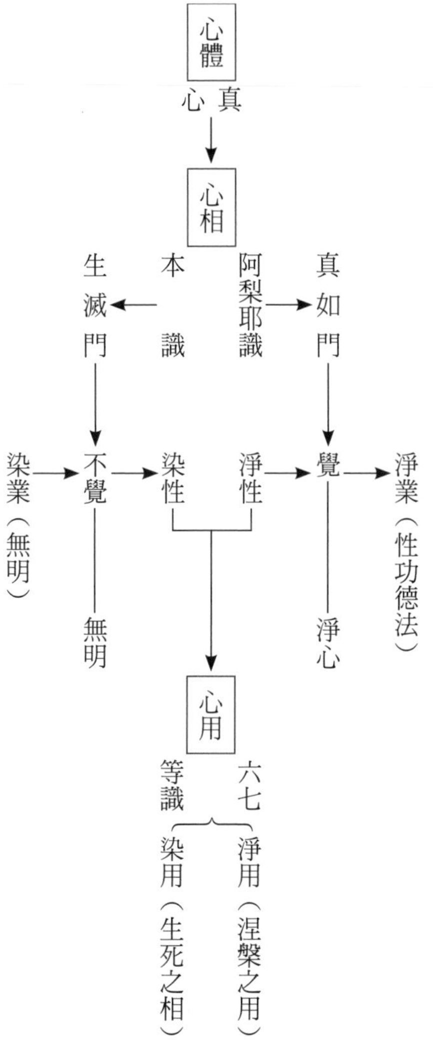

本來，諸佛與眾生，同一如來藏，以聞慧而由意識知曉諸佛真如之用的名義，來熏於心體之淨性（與解性梨耶之義相同），顯其力用之時，本來雖具染性，由於法界法爾，染用與心相違，故有滅離之義；淨用與心相順，故有相資之效。是以，當在以真如用義，熏於心體之淨性，即能滅卻染用，一旦生死之染用滅除，涅槃之淨用，即行顯現了。

我們僅從文相上看，仍會誤以為此處所說的染淨二性的思想，只不過與《起信論》的覺與不覺之說相當，與所謂天台的性惡思想拉不上關係。實則「留惑」的思想，已經深入其體系之中了，因為當在淨用完成之後，只說滅息染用而未說滅除染性，染性乃是約淨用成就之後的聖位上說的，並非由染業而生，乃是由願力而生的；為了救濟眾生，必須要仗染性，方便示現種種果報於此現實世界。

如其不然，本書便與其始終主張的如來藏緣起思想相違；在其心意識論方面，也與阿梨耶識的內容背離，事實上這是根本不可能的。須知，當說無明熏於染性之時，意思即是無明熏心而生不覺之義，這一染性本具的觀念，切勿誤以為是依於染性而受無明之熏。因此本書所謂：「彼染性為染業熏故，（中略）現種種果報」[40]的「染性」二字，應當改作「淨心」，或解為「淨心」才對。因為本書的染性，若在轉依以前，義與染分的梨耶相同；若在轉依以後，則全同於留惑的意思。此在本書自身，也如此地表明：「是故諸大菩薩，留隨眠惑，在於心中。」❹❶特別在以清淨分依他性，配之於依轉依後的染性所生之大用來看，更可明瞭此中的消息了。

註解

❶《大正》二十七・三七一頁上。
❷《大正》二十九・二十一頁下。
❸《大正》三十・六五一頁中。
❹《大正》三十一・二十四頁下。
❺《大正》三十二・五七七頁中。
❻《望月佛教大辭典》一・一〇〇頁中參考。
❼《大正》三十二・五七六頁上—中。
❽《大正》四十六・六四二頁下。
❾《卍續藏》九十八・八八六頁上。

❿《大正》四十六・六四二頁下。

⓫《卍續藏》九十八・七二九頁上。

⓬《述記》（諦閑說）三十二頁，又以小字註云：「子時無明與下文果時無明，此二名本於天親菩薩《十地經論》」。

⓭同右，三十四頁。

⓮同右，三十五頁。

⓯《大正》四十六・六五三頁下云：「本識是相，（中略）又復經云：『自性清淨心』，復言：『彼心為煩惱所染』。此明真心雖復體具淨性，而復體具染性故。」

⓰《大正》四十六・六五二頁中—下。

⓱《釋要》智旭著，《卍續藏》九十八・九一九頁下。

⓲《起信論》云：「所謂不生不滅與生滅和合，非一非異，名為阿梨耶識。此識有二種義，能攝一切法，生一切法。」《大正》三十二・五七六頁中。

⓳《大乘止觀》，《大正》四十六・六五三頁下。

⓴《起信論》，《大正》三十二・五七六頁中。

㉑《望月佛教大辭典》一・一〇二頁下—一〇三頁上「阿賴耶識」條參考。

㉒《大正》三十二．五七六頁上。

㉓《大正》三十一．一二一頁上。

㉔同註⑮。

㉕《大正》四十六．六五五頁下。

㉖《大正》四十六．六四四頁上—中。

㉗《卍續藏》九十八．七三一頁上—下。

㉘同右，八九三頁上。

㉙《攝大乘論》宇井伯壽校訂本十二頁云：「一立自相，二立因相，三立果相。立自相者，依一切不淨品法習氣為彼得生，攝持種子作器，是名自相；立因相者，此一切種子識為生不淨品法，恆起為因，是名因相；立果相者，此識因種種不淨品法無始習氣，方乃得生，是名果相。」

㉚《大正》四十六．六四四頁中，《大乘止觀》卷一云：「此阿梨耶中即有二分，一者染分，即是業與果報之相；二者淨分，即是心性及能熏淨法。」

㉛《大正》四十六．六五三頁下—六五四頁上，《大乘止觀》卷三云：「是故論云：『阿梨耶識有二分，一者覺，二者不覺』，覺即是淨心，不覺即是無明，此二和合，說為本識。」

㉜《大正》四十六．六五三頁下，《大乘止觀》卷三云：「聞此說已，方便修習，知法本寂，唯是

一心，然此意識如此解時，念念熏於本識，增益解性之力。」

33 《大正》四十六・六五三頁下，《大乘止觀》卷三云：「不覺即是無明。」

34 同註19。

35 《大正》四十六・六五五頁上。

36 《大正》四十六・六五三頁中。

37 《卍續藏》九十八・八一九頁下。

38 《述記》一四七頁。

39 《大正》四十六・六四五頁上。

40 《大正》四十六・六四七頁中。

41 《大正》四十六・六五二頁上。

第三節　本書的三性三無性

（一）何謂三性三無性？

一般所謂三性者，是根據唯識論，約有無假實，而將一切法的性相，做三種之分類。那就是一者遍計所執性（parikalpita-svabhāva），二者依他起性（para-tantra-svabhāva），三者圓成實性（pariniṣpanna-svabhāva）。三性又被稱為三自性、三性相、三種自性和三相等。略稱則可簡為遍依圓之三性。

至於三性的譯名，諸經論中，各有不同，現將主要的十部經論，所譯名稱之同異，表示為如下的七類：

1.

《解深密經》卷二	遍計所執相
《瑜伽師地論》	依他起相
《攝大乘論本》卷中	圓成實相

2. 《深密解脫經》卷二
   - 虛妄分別相
   - 因緣相
   - 第一義相
3. 梁譯《攝大乘論》卷上等
   - 依他性相
   - 分別性相
   - 真實性相
4. 魏譯《攝大乘論》卷上
   - 他性
   - 妄分別性
   - 成就性
5. 《攝大乘論釋論》卷四
   - 依他相
   - 分別相
   - 成就相
6. 《大乘莊嚴經論》卷四、《佛性論》卷二等
   - 分別性
   - 依他性
   - 真實性
7. 《成唯識論》卷八等
   - 遍計所執性
   - 依他起性
   - 圓成實性

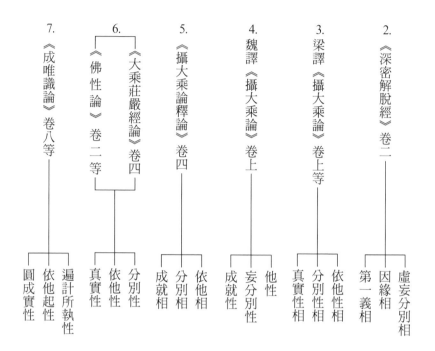

再說所謂三無性（trividhā niḥsvabhāvatā）者，是對三性而立的三種無性，具體地稱為三種無自性性，或為三無自性，三種無性的內容，即是就遍計執、依他起、圓成實而論其各各沒有自性自義。各別稱為相無性（lakṣaṇa-niḥsvabhāvatā）、生無性（utpatti-niḥsvabhāvatā）、勝義無性（paramārtha-niḥsvabhāvatā）。

依照《成唯識論》卷九說：「即依此三性，立彼三無性。故佛密意說，一切法無性，初即相無性，次無自然性，後由遠離前，所執我法性。此諸法勝義，亦即是真如，常如其性故，即唯識實性。」❶

此中所謂「密意」者，顯非了義可比；後之二性，體雖非有，而在愚夫，妄執之為我法的自性，故名之為遍計所執。為除此妄執，佛陀世尊，始對此等有及無，總說無性之義，故對三性而立三無性。初依遍計所執而立「相無性」，一切眾生以妄心向因緣生之事物，計度有我有法之我法相，名為「遍計所執性」；此遍計所執性之法，如認繩而浮現蛇之幻相，實則蛇相本非有，故名「相無性」。次依「依他」而立「生無性」，以一切諸法，不關於本來妄心，由因緣相和合而生者，謂之依他性；此依他起性之法為因緣生，因緣生無實性，恰如繩之因緣生，無繩之實體，故名「生無性」。三依「圓成實」而立「勝義無性」，以真如為圓為常，為一切有為法之實性，故謂之圓成實性；離此圓成實性，一切有無之諸相，名為「勝義無性」；勝義者，名於圓成實性，以圓成實性為絕待之法，故不帶任何之相，如麻中既無蛇相，亦無繩相。

要而言之，此一思想，分有兩個系統：一是基於《解深密經》及《瑜伽師地論》的，另一是基於《大乘阿毘達磨經》、《大乘莊嚴經論》、《中邊分別論》的。宇井伯壽在對《攝大乘論》三性說的看法，認為與基於《解深密經》及《瑜伽師地論》的三性說是不同的。他的理由是，《攝大乘論》的依他性，是染汙分與清淨分之和合而成的染汙清淨分，有染淨，亦有非染非淨、有與無具，更為非有似有者。此中的染汙分顯現之場合是分別性，此一場合，既非染汙清淨分的依他性，亦非清淨分的真實性。相反地，依他性的清淨分顯現之時，同樣也既不是染汙清淨分的依他性，亦不是染汙分之分別性，而是真實性。像這樣的三性說，乃是根源於《大乘阿毘達磨經》、《大乘莊嚴經論》、《中邊分別論》的系統而來者❷。

我國的印順法師也說：「本論的體系，與《中邊》、《莊嚴》可說是全同的。」（《攝大乘論講記》二二五頁）

本書之中，說有三性三無性，所以我們先要介紹三性三無性的定義和源流。又因本書中的三性三無性說的理論基礎，是採取《攝大乘論》的觀點，我們既知《攝大乘論》三性思想源流系統，下面要繼續介紹《攝大乘論》三性說，然後再來論究本書的三性說，始可脈絡一貫，知其終始。

（二）《攝大乘論》的三性說

從本書的組織及內容上看，非常明顯地，它不是《起信論》或《攝大乘論》的釋論，正像在其〈序分〉中所說的一樣，這是一部獨立性的論書❸。然在本書所謂五番建立的第一「止觀依止」章，是依如來藏緣起以說明依持修行止觀的一心；在其第二「止觀境界」章，便採用了三性的理論來加以說明，如前所說，此三性的理論乃是依據《攝大乘論》所持的立場。因此，即有一個很大的問題產生了，本書既以《起信論》的如來藏緣起之唯心論觀點，與《攝大乘論》的唯識論觀點，怎麼能夠調和？在同一部論書像《大乘止觀》這樣一部名著之中，絕不可能同時採用兩種相互牴觸的論點，所以必須仍以如來藏緣起說的《起信論》立場，來理解《攝大乘論》，以求一貫本書的中心思想。其實，前面已經介紹了宇井伯壽及印順法師的看法，《攝大乘論》的三性說，不能用《解深密經》及《瑜伽師地論》系的思想做解釋，故與唯識系的看法，不盡相同。又在宇井氏的《印度哲學研究》卷六內，有如下的說明：「總之，此等攝論論師，是以《攝大乘論》和《起信論》視為一致，至少也解釋為《攝大乘論》與如來藏緣起之間，並無殊異。」❹

印順法師也說：「攝論派說是真妄和合的賴耶，與奘傳的唯識不同。」（《攝大乘論講記》一九五頁）

正由於此，接著又產生了一個更為重大的問題，那就是引起近代的日本學者，懷疑本書的撰著者，不是南嶽慧思，而是與曇遷（西元五四二—六〇七年）當時一般攝論師的立場相當，特別從曇遷的思想路線考察，最有可能即是本書的撰著者❺。關於這個問題，筆者乃係持的相反意見，仍以出自慧思禪師的真撰，已在《大乘止觀法門之研究》第二章第三節第二目中，做了推斷。

現在，我們開始討論《攝大乘論》的三性說，亦即是三相說，即所謂依他性相、分別性相、真實性相。但在《攝大乘論》的三種譯本之間，對於三性的譯名，則頗有不同：

1. 佛陀扇多譯為：他性相、妄想分別相、成就相。❻

2. 真諦譯為：依他性相、分別性相、真實性相。[7]

3. 玄奘譯為：依他起相、遍計所執相、圓成實相。[8]

至於此三性或三相的梵文原意，則為：

1. paratantra 乃係「依於他」的形容詞，亦可用作名詞「依他」。所以，譯作「依他」者最適切。

2. parikalpita，義為「被妄分別」或使妄分別，譯作妄想分別是適當的；假如譯成分別，亦即妄想分別的意思，也是正確的。

3. pariniṣpanna，義為「終了發現」，或為「使完全」，可為形容詞，亦可為名詞；因之，譯為「成就」及譯為「圓成」，都是適切的譯名。若譯為「真實」則稍偏於意譯，因為「使完全」也即有「成真實」的意義，所以亦不為錯[9]。正由於如此，宇井伯壽對於《攝大乘論》的校訂以及研究，都是以真諦的譯本為主，因為真諦所譯最近梵文原意。

介紹了三性的譯名及原意之後，再來看看三性的涵義是什麼。當然，此處是以《攝大乘論》的真諦譯本作依據。

先說依他性，《攝大乘論》卷中云：「若唯識，似塵顯現依止，說名依他性。

云何成依他？何因緣說名依他？從自熏習種子生故，繫屬因緣不得自在，若生無有功能過一剎那得自住故，說名依他。」❿

這是說，最初「唯識」，本來無塵，由於此識產生變異，始有「似塵」的顯現，成為「似塵顯現」的「依止」，所以名為依他起性。是依似塵之「他」所依止而起者。如是識中本來有塵，便不成為似塵，也不成為依他（客塵、似塵）而起了。又問：怎麼成為依他？為什麼稱為依他呢？是從「自」類的「熏習種子」而生故；又是被「因緣」之所「繫屬」而生故，「不得自在」，因此依他起性的東西，「若」其「生」起的剎那，剎那即滅，決定「無有功能過一剎那」而「得自」然安「住」的。所以成為依他，也名為依他了。再說，此處所言「唯識」的「識」之產生變異，與真諦所譯「亂識」的定義相當，以生變異而成為似義顯現的依止之時，即含有此一亂識的體相和功能在內，所以名為依他性。

次說分別性，《攝大乘論》卷中說：「若分別性依他，實無所有，似塵顯現。云何成分別？何因緣說名分別、無量相貌，意識分別，顛倒生因故成分別，無有自相，唯見分別故，說名分別。」⓫

這是說，「分別性」是依「依他性」而起，「實」體乃是一「無所有」，不過是「似塵顯現」而已。也即是說，既係依止依他性而有，哪裡還有一個分別性呢？故在「無所有」之中，並沒有分別性這樣東西，因係似塵顯現，故名分別。此處亦設兩問：怎麼成為分別？因何說名分別？接著便說，由於「無量」的種種行「相」之「貌」，便有無量行相之貌的「意識」，能夠「分別」一切境界。而此無量相貌的分別是「顛倒生因」的，所以沒有「自相」可言；它是意識分別所取的所分別，所以僅是亂識顛倒生起的所緣相；它是能分別的所緣，是分別心所分別的，所以叫作分別性。似塵顯現的亂相自體，是毫「無」「自相」可求的，「唯」有「分別」的亂識為它的自性，離開名言之識，即不復存在。它是分別所現的，所以「名」為「分別」。

再說真實性，《攝大乘論》卷中云：「若真實性分別性永無所有為相，云何成真實？何因緣說名真實？由如無不如故成真實，由成就清淨境界，由一切善法中最勝於勝義成就故，說名真實。」⑫

這是說「真實性」在依他性中，是「永無」成為「分別性」之一分的可能，分別性以「永無所有為相」之故，所有無相，即謂之「真實」而不是非真實。又問：「何因緣說名真實？」根據真諦譯世親釋，是將該段文字，組織成為三義一結，所謂三義之第一，即是「由如無不如」之義者，乃以不相違之義而顯「真實」，此在世間，如真實之友。第二「由」於「成就清淨境界」者，即以無顛倒義而顯真實之謂，由於境界無顛倒之下，得說四種清淨⑬，此在世間，如真實之物。第三「由」於在「一切善法中最勝」者，是以無分別義而顯真實之謂，此在世間，如真實之行。此「不相違」、「無顛倒」、「無分別」的三義，於「勝義」不壞失故，所以「說名真實」。

總之，仗因（種子）依緣而生起之者，即名「依他」；依識而識被所緣，顯現之者，名為「分別」；顯露真如法性者，稱為「真實」⑭。不過，《攝大乘論》中的三性說，目的在於說明由唯識相而進入唯識性的發展過程，亦即從三性而進展至三無性。正如該論卷中所說：「菩薩由入似義顯現意言分別相故，得入分別性；由入唯識義故，得入依他性。及云何得入真實性？若捨唯識想已，是時意言分別，先所聞法熏習種類。菩薩已了別伏滅塵想，似一切義顯現，無復生緣故不得生，是故似、唯識、意言分別，亦不得生。由此義故，菩薩唯住無分別。一切義名中，由無分別智，得證得住真如法界；是時菩薩，平等平等，能緣所緣無分別智生，由此義故，菩薩得入真實性。」⑮

此處的「真實性」，乃是指明為「真如法界」的真常心，所以必然能與《大乘止觀》的思想相為呼應的。並且即以此為基礎而用三無性來說明止觀境界，復以三無性來說明止觀體狀。下面就讓我們來對本書的三性說做一番研討。

（三）本書以如來藏為中心的三性說

本書依於一心而展開三自性，即是以三性說來說明止觀的境相，又依所觀之境，做為觀行的入門。這是依於《攝大乘論》的阿梨耶識成立的三性。《攝大乘論》與護法之後的新義唯識不同，它屬於古義唯識，玄奘所傳者，即為新義的唯識，真諦所傳譯的《三無性論》，也屬於古義唯識。至於本書，便是繼承《攝大乘論》的三性三無性思想的系統；同時，在前面已經介紹過，當時的攝論宗師，「是以《攝大乘論》和《起信論》視為一致」的。因此，不妨將這三種論書的共通點，舉其兩對四例對照如下：

1. 《大乘止觀》卷三云：「真心是體，本識是相，六七等識是用。」⑯
2. 《起信論》云：「一者體大，謂一切法真如平等不增減故；二者相大，謂如來藏具足無量性功德故；三者用大，能生一切世間出世間善因果故。」⑰

1.《大乘止觀》卷三云：「所言總明三性者，謂出障真如及佛淨德，悉名真實性；在障之真與染和合名阿梨耶識，此即是依他性；六識七識妄想分別，悉名分別性。」⑱

2.《攝大乘論》卷上云：「依他性相者，本識為種子，虛妄分別所攝諸識差別，……是名依他性相。分別性相者，實無有塵，唯有識體顯現為塵，是名分別性相。真實性相者，是依他性，由此塵相，永無所有，此實不無，是名真實性相。」⑲

由此可知，本書的所謂體相用，是根源於《起信論》，所不同者，《起信論》是就清淨位的聖者而言，只講淨的體相用，本書由於富有性染思想，所以包攝凡聖染淨，而將一心及八個識，分別名為體相用的。至於三性的思想，本書當然是採取了《攝大乘論》的立場，但其標名，也有不同之處。試立二表，將其顯現出來：

	體	相	用
1.《起信論》	體大（真如平等不增不減）	→ 相大（如來藏中具足功德）	→ 用大（能生一切善因果）
2. 本書	體（真心）	→ 相（本識）	→ 用（六七等識）

1.《攝大乘論》	真實性相（塵相永無）	依他性相（本識為種）	分別性相（識體顯現為塵）
2. 本書	真實性（出障真如及佛淨德）	依他性（真妄和合阿梨耶識）	分別性（六識七識妄想分別）

我們由這兩對四例看來，對於做為體大的真實性的真如心，三書所說是一致的。到了依他性的本識上面，本書便脫離了《起信論》之相大所持的觀點，而採用了《攝大乘論》所持本識的思想，說為真妄和合的阿梨耶識，而不是《起信論》所說的如來藏具足的無量性功德了。再說《起信論》的用大，是指清淨功德所實現的世出世間的善因果法，與《攝大乘論》所說由識體顯現的塵相之分別性相，並不相同，本書接受了《攝大乘論》所持的識體顯現，而說的分別性，便是六識七識的妄想分別，此妄想分別，當然也與《起信論》所持用大的內容不同，善因果法集亦是

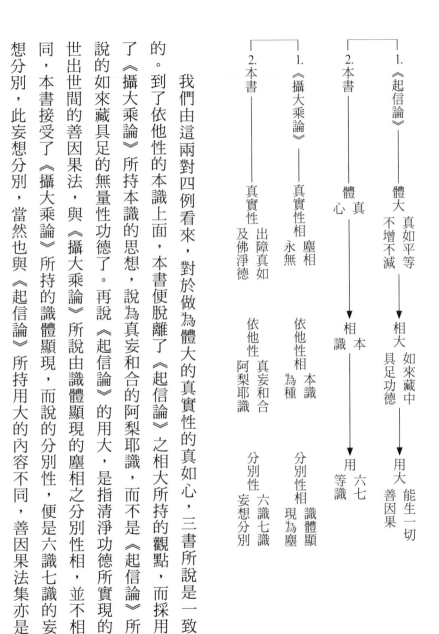

妄想分別，但其並非出之於妄想分別。

現在，我們再以《起信論》的「三大」為中心，就以上三書所持的論點，做更深一層的考察。先說《起信論》的體大，即是摩訶衍的自體，即是萬有本體的真如實在，宇宙間的森羅萬象，無不皆以此真如為其本體⓴。《攝大乘論》的真實性相，已如前述，在依他性中的分別性之塵相，已全無所有，它之被稱為真實性相，乃表其實際尚有，所以名為真實性㉑；此與《起信論》所持萬有的本體，意義全同。本書的真實性之「出障真如及佛淨德」，和《起信論》體大的「一切法真如平等不增減故」的內容，也全然相通。

次說《起信論》的相大，即是摩訶衍的型態，即是指的基於法身如來藏的無量無邊的功德相，這是無限的真實相，因為凡是顯現現實界的諸法，均非絕對，均非無限，且其亦非功德及真實的體相，例如說山之大及海之大，無一不是有限的大，畢竟不過是虛假不實之相㉒。《攝大乘論》的依他性相，除指「本識」之外，並無別的東西，唯其由此本識，顯現十一識㉓，此十一識，為虛妄分別之所攝，以唯識為體而顯現非有虛妄之塵，這一顯現的依止，便是依他性相；顯現的依止，捨本識而外，別無可依，因而，做為顯現塵相之所依止的本識，便被名為依他性相了㉔。

此處真諦譯的「本識」，在玄奘譯的《攝大乘論》中，名為「阿賴耶識」[25]，與本書《大乘止觀》，將「在障之真與染和合名阿梨耶識」的依他性，同樣是指的真妄和合的第八識。此與《起信論》所說相大的無限無量的功德來比較，其內容顯然是不同了。

再說《起信論》的用大，這是摩訶衍的動態，也即是從真如法身的體大，顯現而生的世出世間的一切善因果法；因為在現象界而言，無非由於無明熏習之所發現者，例如關於看、關於聞等，無一不成為煩惱之因而生惡因惡果。但是，真如法身是善法之本，是功德之源，顯現於現象界的善因善果，也就無一不是由於這個真如法身內發的動態了[26]。至於《攝大乘論》的分別性相，實際上也不是有塵，僅是唯識體顯現為塵而已；所謂非有塵者，例如無我一樣，是指所取之實體全無，僅以唯識本體，但亦不是以識為分別性相[27]。《攝大乘論》於此處所謂的「顯現」，和《大乘止觀》所謂的「六識七識妄想分別」的「分別性」，是指的同一樣東西，和《起信論》之現於現象界的善因善果，大致也是相通。

所不同者，《起信論》的體相用三大，是約真、約淨、約功德、約善因果而論的；本書的三性，皆具有染淨二分的性能；而於《攝大乘論》的立場，三性之中，唯有依他性「為染汙清淨分」，此外的真實性為清淨分，分別性為染汙分[28]。這為三種論書之間，最為明顯的差異點，此亦可用表示如次：

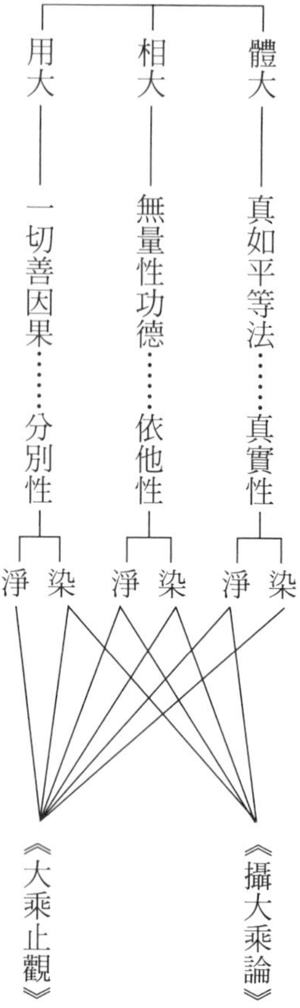

本書雖然未以做為哲學理論和其宗教實踐的止觀，來廣泛地論及三性三無性，但其確已將其論述的三性三無性，視作達成止觀法門之修行的究極方便。因此，在本書之中，說明止觀體狀之時，便是說明如何由三性而進入三無性的階層。

這在本書卷三，即有如次的敘述：「三性得入三無性，入三無性者，謂除分別性入無相性，除依他性入無生性，除真實性入無性性。」[29]

再看蕅益智旭大師的《釋要》卷四，對此所做的解釋說：「觀門成立三性緣起者，謂觀五陰六塵等法本虛，但是妄想執實，即能成立分別性緣起。（中略）次觀五陰六塵等法，悉皆心作，其體是虛，即能成立依他性緣起。（中略）次觀一切諸法。本來惟心，心外無法，不將二無以為心相，即能成立真實性緣起。（中略）止門除滅三性入三無性者，謂彊觀諸法，唯是心相，虛狀無實；復觀能觀之心，亦無實念。繇此執心止息，故名除分別性入無相性。次觀虛法，唯心所現，有即非有，無生無滅。繇此虛相執滅，故名除依他性入無生性。次觀淨心，圓離四句，不屬有無。亦非可緣可念，故名除真實性入無性性也。」30

蕅益大師的這段解釋，已把本書的止觀行法，用三性進入三無性的過程次第，說得相當明白了。主要的意思，是以三性為觀行，又以三無性為止行。

然與《攝大乘論》所不同者，在《攝大乘論》，僅以三性三無性為唯識觀；在本書的止觀工夫，由於是交替並進的，所以形成為四個層次的四重止觀，僅以三性三無性，做為四重止觀中的第一及第二重止觀，除此之外，尚有根本真如三昧的第三重止觀，以及止觀雙現的第四重止觀31。這一點，也是本書的特色之一。

現在且將本書的止觀法門和三性三無性之關係，列表如下：

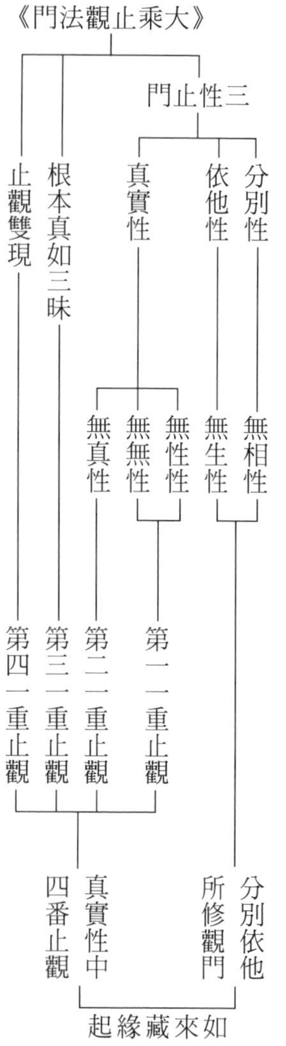

在此表中，由三性進入三無性時，竟然成了五個無性，這便是為了顯明止觀的層次，而將第三個「無性性」再予以劃分。「無無性」是「無性性」的異名，意義相同。又為顯示即偽是真，息異執以辨寂滅起見，又將「無無性」名為「無真性」。其實，名雖不同、層次不同，內容則仍同是一個由真實性而來的性無性而已。

註解

❶《成唯識論》卷九，《大正》三十一．四十七頁下—四十八頁上。

❷宇井伯壽博士《攝大乘論研究》三八六頁。

❸《大乘止觀》卷一，《大正》四十六・六四二頁上云：「今且依經論，為子略說大乘止觀二門。」

❹宇井伯壽博士《印度哲學研究》卷六・五三〇頁。

❺《佛教研究》六卷四號七十一頁，高橋勇夫氏〈大乘止觀法門の撰者に就て〉（昭和十七年）。

❻《大正》三十一・一〇〇頁下、一〇一頁下—一〇二頁上。

❼《大正》三十一・一一八頁上、一一九頁中—下。

❽《大正》三十一・一三七頁下、一三九頁上—中。

❾宇井伯壽博士《攝大乘論研究》三八二—三八五頁參考。

❿《大正》三十一・一一九頁中。

⓫《大正》三十一・一一九頁中。

⓬《大正》三十一・一一九頁中—下。

⓭《大正》三十一・一二〇頁下，《攝大乘論》卷中云：「此性四種清淨法者，一，此法本來自性清淨，謂如如空，實際無相，真實法界。二，無垢清淨，謂此法出離一切客塵障垢。三，至得道清淨，謂一切助道法及諸波羅蜜等。四，道生境界清淨，謂正說大乘法。」

⑭印順法師《攝大乘論講記》二三七頁說：「這三性的名義，撮要說來，仗因（種子）托緣而有的，名依他起；為識所緣，依識而現的叫遍計執。法性所顯的是圓成實。」

⑮《大正》三十一．一二三頁中。

⑯《大正》四十六．六五三頁下。

⑰《大正》三十二．五七五頁下。

⑱《大正》四十六．六五五頁下。

⑲《大正》三十一．一一八頁上—中。

⑳望月信亨博士《大乘起信論之研究》三五九頁參考。

㉑宇井伯壽博士《攝大乘論研究》三九二—三九三頁參考。

㉒望月信亨博士《大乘起信論之研究》三五九—三六〇頁參考。

㉓宇井伯壽博士《攝大乘論》校訂本三十三頁參考。所謂十一識者，含攝一切識。即如玄奘傳譯唯學的八識；《中邊分別論》中，述有根、塵、我、識之四種；《莊嚴論》所說的六種。唯在《攝大乘論》的〈應知勝相品〉第二之一，始說有十一識：「謂身識、身者識、受者識、應受識、正受識、世識、數識、處識、言說識、自他差別識、善惡兩道生死識。」（《大正》三十一．一一八頁上）

㉔宇井伯壽博士《攝大乘論研究》三八七—三八八頁參考。

㉕玄奘譯《攝大乘論本》卷中，《大正》三十一．一三七頁下云：「此中何者依他起相？謂阿賴耶識為種子。」

㉖望月信亨博士《大乘起信論之研究》三六〇頁參考。

㉗宇井伯壽博士《攝大乘論研究》三九二頁參考。

㉘《大正》三十一．一二一頁上云：「阿毘達磨修多羅中，佛世尊說法有三種：一汙分、二清淨分、三染汙清淨分。依何義說此三分？於依他性中分別性為染汙分，真實性為清淨分，依他性為染汙清淨分。」

㉙《大正》四十六．六五八頁上。

㉚《卍續藏》九十八．九四〇頁上。

㉛《大正》四十六．六五八頁上，《大乘止觀》卷三參考。

第四節　本書的性染說與天台智顗的性惡論

（一）對於心性染淨說的考察

有關心之本性的清淨、染汙，或具染淨之兩面，或者非淨非染的問題，從人類的倫理或宗教的立場來考察之者，都是由來已久，且為非常重要的問題。

在佛教中說，這一心性問題之開端，從原始聖典為始，已經有了若干的論究。到了部派佛教時代，此即成為產生異說的主要論爭的論端之一。在大乘佛教而言，其中的《瑜伽師地論》及《唯識論》等，對此未有若何特殊的解釋；《般若經》、《華嚴經》、《如來藏經》等經典，以及密教的經論，對此亦未發現若何的論列和解釋，唯在強調心性本淨說的同時，並且以此心性本淨的思想為基礎，發展出了許多的大乘思想❶。

回過頭來，再看原始佛教的《南傳大藏經增支部經典》（ANI-5.6）中說：「心是明淨而被染於客塵煩惱。」此在漢譯的《增一阿含經》卷二十二則謂：「心性極清淨。」又在《南傳大藏經相應部經典》（SN. XXII）中說：「心垢故眾生垢，心淨故眾生淨。」此在漢譯的《雜阿含經》卷十則謂：「心惱故眾生惱，心淨故眾生淨。」

在部派佛教時代，對此心性問題，大別之有兩個不同的思想傾向。第一是大眾部及分別論者等的主張，是心性本淨說，此在《異部宗輪論》、《隨相論》、《舍利弗阿毘曇論》、《大毘婆沙論》、《成實論》、《順正理論》等之中所傳者，可以明白。第二是站在《大毘婆沙論》、《成實論》、《順正理論》的立場，則否定心性本淨說，主張心性具有染淨之二面說。

再看大乘佛教的《瑜伽師地論》卷五十四說：「諸識自性非染」❷，這無疑是對經典中「心性本淨」說所做的解釋。至於《成唯識論》卷二，以為心性本淨者，即是識的實性清淨之意；在該論卷四則謂：「謂染淨法，以心為本」❸，可知此處的「心」者，即是指的阿賴耶識，阿賴耶識是染淨的種子，具有有漏種子及無漏種子，故成為雜染和清淨了。

其次以《般若經》及《華嚴經》為首，發展至後來成為如來藏思想及密教思想的許多經論之中，乃以心性本淨之說，做為貫串大乘佛教的基本思想了。因此，便可常常發現，以心性本淨說為型範，並且依以做為基礎，發展出了如來藏、佛性、菩提心、法身、空性、法性、心真如、阿摩羅識、本覺等的許多思想。例如八千頌《般若經》、《大智度論》、《如來藏經》、《不增不減經》、《勝鬘經》、《大乘莊嚴經論》、《中邊分別論》、《中邊分別論釋》、《究竟一乘寶性論》、《大乘法界無差別論》、《楞伽經》、《大乘密嚴經》，以及《起信論》等，都是根據於心性本淨之說而來強調見性或悟之可能性的。我們在前節之中，也屢次說到，與《大乘止觀》的三性三無性思想有著深厚關係的《攝大乘論》，便與此處所舉的《大乘莊嚴經論》及《中邊分別論》的思想，屬於同一個系統，同為基於心性本淨之說而展開的。但是，《大乘止觀》既然承繼心性本淨的如來藏緣起思想，卻又發展出了它的性染思想，這在中國佛教的思想史上，固然屬於首創，即在包括印度在內的整個佛教史上，也是空前的發明。由於本書的性染說，而有天台智顗的性具與性惡，再有華嚴宗的性起思想出現，而更顯出天台性具的獨特之處。因此，尤其是華嚴宗，對於天台的性惡之說，論難不已，此亦正是本書為其肇始，為中國佛教的思想界，帶來了新的啟發作用。

在中國佛教的大乘八宗之中，對此論爭最烈的，當推華嚴和天台之兩派。華嚴宗的性起說，是從性而起之意，是對緣起而言者，即是順於真如本性所起之果海大用之謂。坂本幸男博士處理這個性起思想的問題之時，從文獻上考察，認為這一思想之在華嚴宗學者間受到重視，是以華嚴宗之二祖智儼（西元六〇二—六六八年）所著的《搜玄記》中，最先發動。《搜玄記》這部書，是在智儼二十七歲時所作，在其內容方面，有賴於地論宗的慧光及慧遠所著的《華嚴經疏》之處很多，他的性起思想，恐怕也有些是受到慧遠等的思想所影響罷❹。

比起華嚴宗的性起思想，天台智顗的性具思想，可謂光芒萬丈而獨步古今，甚至使得後來的華嚴宗學者，如澄觀等，亦想以「具」來改造性起哲學。所謂「性具」，是本具於性之意，又可稱為理具或體具；即是說，在法界的一一事法之中，便圓具了本來的十界三千、迷悟因果之一切諸法。這是基於智顗創說的三諦圓融及一念三千的理論而成立。智顗在其《法華文句》、《法華玄義》、《摩訶止觀》的所謂三大部中，宣揚其十界互具、百界千如、一念三千的思想，主要即是說的性具哲學。而在《觀音玄義》中，宣說性惡思想，也可說即是顯示性具本體的性惡之面，兩者一貫，毫無牴觸之處。因為智顗以及後來的湛然等天台學者，是以觀心為主，所以特別強調「心具三千」之旨。所謂性者，是心之性，心之本體，由內向外發是性，由外向內觀是心，因此，心具三千，即是性具三千。最有趣的是與天台性具之對比，有華嚴宗的性起說，假如《華嚴經》、《般若經》、《法華經》的基本思想是站在性染的立場，那麼，以智儼為始，又經法藏等之配於淨心緣起之性起說，到底是唯淨的呢？或是通於染淨的？特別自澄觀之將天台的性惡說，引入華嚴宗以來，便產生了臧否兩流的論爭❺。而此問題之癥結，乃出之於天台的性具性惡之創說。

（二）天台思想中的性具說與性惡說

天台智顗的性具思想，是表現在十界互具、百界千如、一念三千的論述之中。十界即是《華嚴經》與《大智度論》所說的地獄、餓鬼、畜生、阿修羅、人間、天上、聲聞、緣覺、菩薩、佛等所謂六凡四聖的十法界。十法界的各界，各各界互具有其他的九界，內具自己，所以十界在當相當處，各各是圓融平等的。若從其淵源上考察，可說是在《大般若經》的「一切法趣一法」；《金光明經》的「於一切法含受一切法」，以及《維摩經》的「須彌入芥子」等諸說。因此，十界的每一界，相互具有其他的九界，法界的全體，即可稱為「百界」；至於「千如」，是從《法華經・方便品》的十個如是而來，即為：如是相、如是性、如是體、如是力、如是作、如是因、如是緣、如是果、如是報、如是本末究竟等。以百界乘此十如是，即成了「百界千如」。在《法華玄義》，展開百界千如的實相論，使之更進一步接近於現實性的，便是在《摩訶止觀》所說的「一念三千」。此在《摩訶止觀》卷五上說：「夫一心具十法界，一法界又具十法界、百法界，一界具三十種世間，百法界即具三千種世間，此三千在一念心，若無心而已，介爾有心，即具三千。」❻

此處所謂「三世間」，出於《大智度論》卷四十七所說的五陰世間、國土世間、眾生世間。五陰世間是指色、受、想、行、識，依五陰而成立眾生世間與國土世間，正報的有情世間為眾生世間，依報的器世間為國土世間，以此三世間相乘即成三千。一念即是三千世間的本體實相，三千世間是一念實相的大用現前，所以名之為一念三千。三千具於一念，故謂性具。

可是，性具之說，後來亦被引入華嚴宗內，如前所說，澄觀等人亦欲以「具」字改造華嚴的性起哲學，又如在華嚴三祖法藏所著的《發菩提心章》中，即有「具德門中，一法法爾，性具善惡」之說。然而，性具性惡之說，畢竟是天台智顗的創發，尤其是性惡之說，乃是天台的特異法門，是天台獨到的極說；而此性惡與性具，在義理上雖相通而不相同，智顗是以圓教中敵對相即的理論，互於法界的一切部門，於對立及矛盾之中，開展平等與相即，顯示天台的實相論。也可以說，這便是天台思想的中心。

我們已經說過，在天台大師的三大部之中，僅以《法華玄義》及《法華文句》發明了十界互具與百界千如的思想，《摩訶止觀》又進一步說出了一念三千的觀念，然這僅是性具思想，未及性惡之說，有關智顗的性惡觀念，最顯著的是出於他的《觀音玄義》及《請觀音經疏》，這應該又是性具說的更進一步，可能這是智者大師的晚年思想。雖然近代的日本學者佐藤哲英氏，在其發表〈觀音玄義並びに義疏の成立に關する研究〉❼之後，又發表了〈天台性惡法門の創唱者〉❽，他認為：「《觀音玄義》及《請觀音經疏》，不是智顗所作，而是其門人灌頂的撰述。如果是這樣的話，那麼從《觀音玄義》所見的性惡說，也不是智顗的，乃是灌頂所發揮的一種學說了。」❾其實，這不過是他的「大膽假設」而已❿。縱然在十八世紀，日本即有一位名叫普寂（西元一七〇七——一七八一年）的華嚴及淨土的大學者，他著有《法華玄義復真鈔》及《摩訶止觀復真鈔》等，即以為性惡說與一般大乘及智顗的其他所說相矛盾，如果真是智顗的思想，也應在三大部中出現，至於闡述性惡說的《觀音玄義》，不但文是拙文，義亦極為淺薄，絕對不像是智顗的作述。可是，性惡說在理論上是天台思想必然的，或者也是極有可能的開展，在思想體系上，也絕無矛盾之處。至於推想《觀音玄義》及其性惡思想之係出於灌頂之說，也是非常勉強的假設。因為性具與性惡的思想，天台智者尚非最先的創祖，尚有南嶽慧思禪師的《大乘止觀》的性染思想，做了他的先鋒。

可是，一提到《大乘止觀》，問題來了，這部書的思想體系，大致根據《起信論》及《攝大乘論》，然而在其第一章及第二章中，述及不空如來藏處，徹底主張性惡說，但這絕對不是《起信論》的觀點；又將阿梨耶識分為子時與果時，並謂阿梨耶識有兩種，清淨分依他性名為清淨和合識，雜染分依他性名為雜染和合識等，均非《攝大乘論》的主張；再以之與南嶽的其他著述如《諸法無諍三昧法門》及《法華經安樂行義》對照，思想不統一處也不少；本書除了第二十條及五十三條的經證徵引了《法華經》的「窮子喻」，再有第三十六條的經證引了《法華經》的「無量分身釋迦」為例之外，全卷都無實相論系的色彩，所以被人懷疑，不是南嶽的真撰。但是由天台智顗所說的性具及性惡，和《大乘止觀》的性染說相對照，我們又可確定，天台師承南嶽，《大乘止觀》仍當是南嶽的作述。智顗以性惡說的敵對相即的辯證法，來呈現實相，而此性惡思想則不限於如智顗所說辯證法的實相觀，乃是如來藏緣起說之所說。據日人安藤俊雄博士的看法，《大乘止觀》第十七及十八條經證所引的「心性是一，云何能生種種果報，即是能生生死」，「即是法身流轉五道，說名眾生，即是能作生死也」，其目的在於證明性染之說的依據，此雖尚未查明究係出於何經，但總不會出於如來藏系統的經典範圍（《天台性具思想論》第三章）。由此推考，天台智顗既可以實相論的立場，吸收如來藏緣起說的影響，南嶽慧思何以就不能從龍樹的實相論轉而用大乘止觀發展如來藏緣起的思想呢？從本書之依於《起信論》及《攝大乘論》，而又超越於《起信論》及《攝大乘論》的情形來判斷，南嶽絕非墨守成例的人，乃是一位具有創發智慧的人，他之思想立場的變遷運用，絕不能以一般的拘泥之輩與之相比。

由於如此，我們便可以用下面的一表，來說明《起信論》、《攝大乘論》、《大乘止觀》、天台三大部及《觀音玄義》之間的思想關係了。

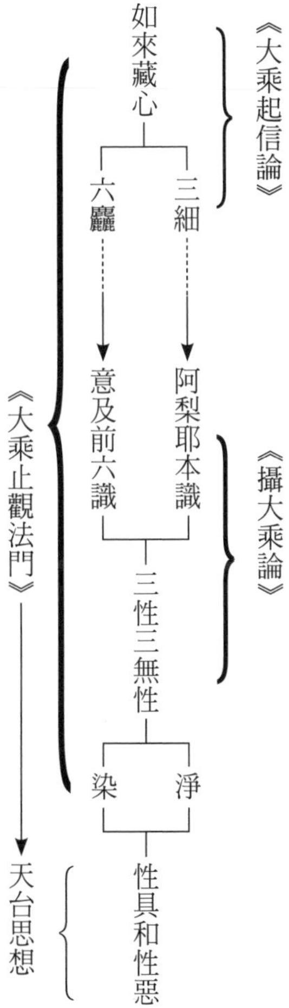

《起信論》與《攝大乘論》，並無系統相承的關係，只是體系的立場類似；天台思想與《起信論》及《攝大乘論》之間，也無必然的關係，唯因《大乘止觀》與《起信論》及《攝大乘論》有關係，天台的性惡思想則與《大乘止觀》有關係。

現在，我們且看天台智顗的性惡論，做一番理解之後，再來考察此一論點與本書的關係。依據智顗的《請觀音經疏》，謂為陀羅尼之所消伏，舉出事、行、理的三毒，而說：「事者，虎狼刀劍等也；行者，五住煩惱也；理者，法界無閡無染，而染即理性之毒也。」⓫這雖是智顗所說性惡的資料，但卻極為簡單。至於在其《觀音玄義》之中，則有如下的一段明確的問答了：

「問：緣了既有性德善，亦有性德惡否？」

「答：具。」

「問：闡提與佛，斷何等善惡？」

「答：闡提斷修善盡，但性善在；佛斷修惡盡，但性惡在。」

「問：性德善惡何不可斷？」

「答：性之善惡但是善惡之法門，性不可改，歷三世無誰能毀。」⓬

另有一段又說到闡提與如來不斷性惡的理由如次：「今明闡提不斷性德之善，遇緣善發。佛亦不斷性惡，機緣所激，慈力所熏，入阿鼻同一切惡事化眾生，以有性惡，故名不斷。」⓭

在這裡，智者大師將惡分成修惡和性惡，也將善分為修善和性善。修是修治造作，是屬於事相的一面；性是本有不改，是屬於理體的一面。換言之，修惡是顯現於現實界的意識和行為的經驗之惡，性惡則為惡的可能性，是潛藏於本體界的根性，所以也和惡性之義相同。此處所謂的闡提，具名一闡提，是梵語 icchantika 的音譯，意為斷善根及信不具足。闡提有沒有成佛的可能性，在中國佛教史上，曾經引起很大的爭執，結果由於《涅槃經》的譯出，始論定闡提也有佛性。智顗的性惡說，與闡提有佛性說，適成一個絕佳的對比：為了成佛而向眾生看，雖為斷了善根的一闡提人，也有成佛的善性不斷，他們只是由於信心不具足而與修持佛法的修善絕緣而已，佛看他們，尚有成佛的希望，因其性善未斷之故；為了救度眾生而向佛看，佛雖斷盡一切惡作行為，已經燒卻煩惱惡譜，所以沒有修惡存在，但是佛對惡法已得自在，為度眾生，通達於惡，與惡趣同事，以化惡趣眾生，卻又不為惡事所染，不起修惡。佛以自在神通之力，以諸惡法門化度眾生，運用惡法而又不被染於惡法。如來不斷性惡而其心清淨無染，假若如來的性惡亦斷，則於入大涅槃之後，即住常寂光中，永無可能以神通力，作意起惡，教化眾生了。無怪乎宋代的四明知禮（西元九六〇—一〇二八年），在其所著《觀音玄義記》卷二中，要極力讚仰天台智者的性惡之說，而謂：「只一具字，彌顯今宗，以性具善，諸師亦知，具惡緣了，他皆莫測。故《摩訶止觀》明性三千，《妙玄》、《文句》皆示千法，徹乎修、性，其文既廣，且義難彰。是故此中，略談善惡，明性本具，不可改易。名言既略，學者易尋。若知善惡皆是性具，性無不融，則十界、百界，一千、三千。」⓮

這是四明尊者讚揚性惡思想，並為天台大師辯釋，為何不在《摩訶止觀》及《法華玄義》、《法華文句》中說出性惡。實則當其述及十界百界、一千三千之時，已經深徹地表示了善及惡的修與性之義理了，唯其文廣義精，不易為人所知，故在《觀音玄義》之中，淺顯地說了出來。四明尊者的這一見解，雖其未必即是的論。但是，天台三大部中，固然未曾提及性惡之說，至少，在十界互具、百界千如、一念三千的思想之中，已可窺悉性惡思想的消息了。是以到了智顗晚年，說出《觀音玄義》中的性惡思想，乃是非常自然的事。依照知禮的見解，《觀音玄義》，也是出於三大部之後，並且是以性惡之說來統一天台思想的全體，而視之為天台學上的根本原理。這種看法不論其是否妥當，至於智顗說出性惡論來的原因，乃為承受慧思的《大乘止觀》之性染說，以表達他對如來的思辨方法。在他以為，如來不應逃避現實的娑婆世界而樂於永恆的寂靜之境，故以娑婆世界做為唯一的活動的舞台，以普門示現的觀世音菩薩的救世悲願，做為表現積極的活動的如來的真實性。成為如來的這種活動的可能性者，即是將其他九界所有之惡，包容在如來的一己之內，始能發動所具的九界之惡性，來應現於其他的九界，和其他九界眾生的依正二報一齊示現，以教化之。這種思想，的確極其偉大可佩。

如果再事檢討，十界互具與百界千如的思想，雖係本於《大品般若經》、《金光明經》及《維摩經》等經，《大乘止觀》的性染之說，亦係據於如來藏系統的經典，已如前述。然而，這些出於印度的經典，縱然具有如慧思及智顗所理解的性惡之意，但在印度畢竟未曾發生過明顯而理論化的性惡之說，何以到了中國的陳隋之際，即形成了一股強大的思潮？說到這裡，我們不得不從中國的傳統思想史上，做一番考察了。

(三)天台的性惡思想與本書性染說的關係

若從中國思想史的性之問題上考察一番，也許可以得到一些不能算是完整的，關於天台性惡說的根源。我們知道，中國的性說，是始於孔子，孔子不曾明白地說過人性之善或惡的話，甚至他的門人子貢還說：「夫子之文章，可得而聞也；夫子之言性與天道，不可得而聞也。」(《論語．公冶長篇》)唯其僅僅說過：「性相近也，習相遠也。」(《論語．陽貨篇》)但是孔子並未說明近什麼又遠什麼？據孔子的全體思想看來，他是主張性善的。此性由何而來？孔子的孫子子思(西元前四九二—四三一年)的《中庸》之中，便下了定義說是：「天命之謂性。」到了子思後的孟子(西元前三七二—二八九年)，則更具體地主張性善之說了。如在《孟子．滕文公篇》上，即有「孟子道性善，言必稱堯舜」之句。然與孟子同時的有一位告子，卻持「性無善無不善也」之說（《孟子．告子篇》）。因此有人說，孟子是站在倫理學者的立場而言，告子則是站在自然科學者的立場而說。若依王充《論衡》的〈本性篇〉所載，於孟子之先，即有周人「世碩，以為人性有善有惡」了。另有「宓子賤、漆雕開、公孫尼子之徒，亦論情性，與世子相出入，皆言性有善有惡」。可見，告子的無善無不善論，與世碩的有善有惡，適巧相反。孟子起而定於一尊，主唱性善之說。然在孟子之後沒有多少年代的荀子出現，又和孟子相反，主張性惡之說，在其所著《荀子》的〈性惡篇〉中，即謂：「人之性惡，其善者偽也」；又說：「凡人之欲為善者，為性惡也。」由於孟、荀兩家，對於性善性惡的主張，給後世學者的影響極大，故到了漢朝的董仲舒時，便將善惡之說，做了調和，在《春秋繁露》的〈深察名號篇〉中說「性者質也」（《繁露義證》云：宋儒所謂氣質之性本此），董子上接孟荀而下啟宋儒，可謂了不得的事。宋儒之論性者，如程伊川及朱熹等人，乃是由唐之李翺受佛教影響所作復性滅情之論而開展出來，性即氣質之性，是本性的理體。由於性之質是善，所以接受了孟子的思想，情是惡，可以轉變，又接受了荀子思想的原則。如何調和呢？董仲舒便以陰陽之理來配性情之說，而謂：「身之有性情也，若天之有陰陽也。言人之質而無其情，猶言天之陽而無其陰也。」（《春秋繁露．深察名號篇》）「情者人之欲也。」（《漢書．董仲舒傳》）

所以在王充《論衡》的〈本性篇〉，亦做如此的介紹：「性生於陽，情生於陰；陰氣鄙，陽氣仁。曰性善者，是見其陽也；謂惡者，是見其陰者也。」這便解決了性善與性惡的論爭。但是，到了後漢的揚雄（西元前五十三—十八年）所著《法言》的〈修身篇〉中，再將董仲舒的（陰）情（陽）性思想，更加明確地劃出了界限和指出了癥結之所在，主張「善惡混」的思想，而說：「人之性也，善惡混。修其善，則為善人；修其惡，則為惡人。」

這是把善惡都視為人之本性，為善即善，為惡即惡。換言之，人性之中，與生俱，便是善惡並具的；到了人世之間，若能修善行，善性即現而為善人，反之若造惡業，惡性即現而為惡人。可惜的是，儒家的思惟，尚無法透入心性的本源，所以僅止於此，無法更進一步，說出如何成為徹底的善，如何利用本性的惡來助成徹底的善；無法將善惡的兩面，達成統一的理想。直到唐代的韓愈出而唱性有上、中、下的三品之說：「性之品有上中下三，上焉者，善焉而已矣；中焉者，可導而上下

也；下焉者，惡焉而已矣。」（〈原性〉）

其實，韓愈僅是文章家而非思想家，他的性之三品說實在毫無深義可言，徒有文句的空話而已，比之漢世及其以前的性論諸家，簡直無法論列。但到韓愈的學生也是韓愈的朋友李翺的《復性書》中，才因受了佛教的影響，提出了復性滅情之說，佛教說滅染濁煩惱而顯佛的清淨法性，他便以恢復人之可成聖人的本性，而滅卻惑人之性的情，而謂：「喜怒哀懼愛惡欲七者，皆情之所為也；情既昏，性斯匿矣。」（《復性書‧上篇》）由此復性思想的啟蒙，才有宋儒理學的萌芽。不過，唐宋的儒家思想，已在天台性惡思想之後，故與本題要追索的源頭無關，我們暫且不必論究它了。現在我們應該注意的是董仲舒的陰陽性情說和揚雄的善惡混合說。董仲舒認為，人之有善惡，乃是由於有性情；人之有情，則如天之有陰陽，天有陰陽是常理，人有性情亦是與生俱來的天賦。這是就人之何以會有善有惡而做的解釋。至於揚雄，則進一步就人之成善成惡而做了點破，基本立場，仍以為善與惡，都是人的與生俱來而具有的本性。可是，已如前所說，他們誰也未能說出一套方法，利用本性的惡來助成本性的善，也不能說出如何始可將本具的善性和惡性，做合理的協調，使得善惡相對的矛盾，完成究竟絕對的統一。這一步工作，就不得不讓給中國佛教內的大思想家，來做更深一層的發展了。而此發展的時間，卻來得很慢，過了五百年後，始有南嶽慧思禪師的《大乘止觀》，把此思想，引進了佛教之中，做了精闢的闡述，他以如來藏中，具有淨性也具有染性，所以才有覺與不覺、空與不空的差別。再到天台智顗，又進一步，分出了性善與性惡、修善與修惡。故這兩位大師的性惡思想，比荀子的性惡論，在境界上高得太多，根本無法相提並論。可是，依照以上所舉的線索推察，天台的性惡說，至少就其源頭而言，是不能說和以上所舉各家的性論之間，沒有血緣關係。否則就會缺少一個理解南嶽禪師及天台大師，何以會有性惡說產生的論證了。我們又知道，中國佛教輸入之後，迄於隋唐，始為完成中國思想型態的時期，因之，距離揚雄五百年後，始有陳之慧思及隋之智顗，師弟二人，將此性惡之說，建立起來。

那麼，在《大乘止觀》中的性惡論，是怎樣說的呢？本書不名性惡而稱性染。現在且舉本書卷一對於性染說的文字如下：

本書卷一云：「次明具足染法者，就中復有二種差別，一明具足染性，二明具足染事。初明具足染性者，此心雖復平等離相，而復具足一切染法之性，能生生死，能作生死。」⑮

卷二接著又說：「次明心體具足染事者，即彼染性為染業熏，故成無明住地及一切染法種子，依此種子現種種果報。此無明及與業果，即是染事也。然此無明住地及以種子果報等，雖有相別顯現，說之為事，而悉一心為體，悉不在心外。（中略）所言如來藏具染淨者，有其二種：一者性染性淨，二者事染事淨，如上已明也。若據性染性淨，即無始以來俱時具有；若據事染事淨，即有二種差別，一者一時中俱具染淨二事，二者始終方具染淨二事。此義云何？謂如來藏體，具足一切眾生之性，各各差別不同，即是無差別之差別也。」⑯

從這兩大段文字之中，可以明白，《大乘止觀》的性染說，與《觀音玄義》的性惡之說，在原則上雖相同，在看法上則亦不同。天台僅說性惡，南嶽卻還說了事也有染，這是徹底的性惡思想，在體系及組織上，也比《觀音玄義》，來得深刻和精密。因在本書的如來藏，不僅具有染性，同時復具有染事。從其兩者源頭的考察，固係一流相承，兩者所據經論立場卻不同，所以彼此觀點略異。也就是說，本書的性染說，是依《起信論》所示不空如來藏的思想，以阿梨耶識為一切法的根本而來。《觀音玄義》的性惡法門，如前所說，是約〈普門品〉所做的疏釋，宣示一切眾生，本具三因佛性，傍及圓教所說如來在現實面的活動性。所以彼此略有出入。

至於本書，是基於如來藏思想，而更加發揮了性染思想，且以性染思想，來貫串本書的前後立場。所以，不僅止觀依止的不空如來藏中本具染法，即使止觀境界及止觀體狀的三性和三無性中，也有著染法本具的思想。例如本書卷三有謂：「眾生之體實，事染之本性，具足違用，依熏變現。故言有垢。（中略）所現之相常寂，復稱為淨。」⑰

同卷又謂：「諸佛違用，即是無垢染，但為令眾生捨染欣淨，是故不彰也。」⑱

更謂：「所謂現同六道，示有三毒，權受苦報，應從死滅等，即是清淨分別性法。（中略）但由是佛德故，以佛望於眾生，故名此德以為清淨。若偏據佛德之中論染淨者，此德實是示違染用。」⑲

當智旭的《釋要》卷三釋及此處，便肯定地說：「天台性惡法門，正本於此。」⑳因為本書所持染淨一體的思想，實際上，若就不空如來藏而言，寧可說是偏於染性的一面，眾生若無染性，即不成其為有漏染法的具縛凡夫；如來若無染性，便無由現同六道，示有三毒，權受苦報；若不示同六道眾生，便無法深入眾生群中去教化眾生。雖然是出於無作神通之任運，但其發動之力，係來自如來藏的染性功能。此種染性，對佛而言，名之為示違的染用，對眾生而言，佛的染德亦是清淨，因為此一染德，即是發動救世大悲的主因。

本來，斷惡修善，乃是通於佛教大、小乘各宗的共同思想，根據一向的佛陀觀，對於已斷無明成了正覺的如來，縱係微塵之惡，也已徹底斷絕，未嘗有人敢以提出，在真實的如來藏心，尚自抱有染性的可能。等到慧思的本書出來，不僅在哲學的思辨方面，主張性染，且在修習止觀的實踐方面，也用上了性染的理論依據。他的思想源頭，固然已如前述，是出於中國傳統思想中的性論的提示，但在另外，尚有他個人的思想背景。我們知道，在慧思的生涯中，所受的苦難與迫害之多，超出任何一位與他成就相當的高僧㉑。因而使他一方面自覺地宣揚末法年時的來臨㉒，另一方面對於迫害他的許多惡人，依舊懷著慈悲之心，不但不恨不仇，反而更進一步地希望用何善巧方便來濟渡他們；由於《涅槃經》，有闡提成佛之說㉓，《法華經》也有極惡之人提婆達多受記成佛的記載㉔，所以獨創性染之說，以表對於末法時代的惡人，也抱有極高的願望。這也正是菩薩精神的流露了。

有人以為，慧思在修學時代，讀誦《法華經》及於千遍㉕，所以應以《法華經》為其教說的基準，來考察他的著述的真偽。恰巧本書中的《法華經》氣氛不夠濃厚，所以懷疑並非出於慧思的著述。可是，我們若做深一層的推究，本書之性染之說為中心，性染之說的基本精神，正是本於《法華經》的〈普門品〉所說，觀音菩薩為了救度眾生而作普門示現，上自佛身，下迄人非人等，顯現三十三種不同的身分。這個豈不就是本書所謂的「現同六道，示有三毒，權受苦報」的藍本嗎？因此，本書在理論的架構上，與天台的實相論不同，它的出發點，仍可說是以法華信仰的實踐為準的；這一〈普門品〉的理想依據，到了天台智顗，便將之做了具體而明朗化的讚揚與弘通，其間可謂是一脈相承的關係。無怪乎現代日本學者之中，例如安藤俊雄㉖及坂本幸男㉗兩位博士，亦均主張天台的性惡論，乃是根源於本書所持性染思想的展開了。此與三百五十年前智旭所說「天台性惡法門，正本於此」者，先後恰好呼應。

註解

❶ 勝又俊教博士〈心性說の類型的考察〉，載於《印度學佛教學研究》十卷一號參考。

❷《大正》三十・五九五頁下。
❸《大正》三十一・十八頁下。
❹坂本幸男博士〈性起思想と惡について〉，載於《印度學佛教學研究》五卷二號參考。
❺同右參考。
❻《大正》四十六・五十四頁上。
❼《印度學佛教學研究》五卷一號。
❽《印度學佛教學研究》九卷二號。
❾同右參考。
❿安藤俊雄博士《天台學——根本思想とその展開》一六七頁。
⓫《大正》三十九・九六八頁上。
⓬《大正》三十四・八八二頁下。
⓭《大正》三十四・八八三頁上。
⓮《大正》三十四・九〇五頁上。
⓯《大正》四十六・六四六頁中。
⓰《大正》四十六・六四七頁中—下。

⓱《大正》四十六．六五六頁上。

⓲同右。

⓳《大正》四十六．六五六頁上—中。

⓴《卍續藏》九十八．九三二頁上。

㉑平了照氏〈南嶽慧思傳に就いて〉載於《山家學報》新一卷二號一四二頁參考。

㉒《南嶽思大禪師立誓願文》，《大正》四十六．七八六頁下。

㉓《涅槃經》卷九、卷十六、卷二十六、卷三十二、卷三十三所載，一闡提輩亦有佛性，由於佛性不斷故，無不堪當成佛。

㉔《法華經．提婆達多品》所示。《大正》九．三十四頁下—三十五頁上。

㉕《續高僧傳》卷十七，《大正》五十．五六二頁下。

㉖同註❿。

㉗同註❹。

智慧海 11

大乘止觀法門之研究

A Study of the Mahayana Teaching of Meditative Concentration and Insight

著者	聖嚴法師
出版	法鼓文化
總審訂	釋果毅
總監	釋果賢
總編輯	陳重光
編輯	林文理、李書儀
封面設計	張巖
內頁美編	小工
地址	臺北市北投區公館路186號5樓
電話	(02)2893-4646
傳真	(02)2896-0731
網址	http://www.ddc.com.tw
E-mail	market@ddc.com.tw
讀者服務專線	(02)2896-1600
初版	原東初出版社1993年初版，1996年修訂版
四版一刷	2024年3月
建議售價	新臺幣260元
郵撥帳號	50013371
戶名	財團法人法鼓山文教基金會—法鼓文化
北美經銷處	紐約東初禪寺 Chan Meditation Center (New York, USA) Tel: (718)592-6593　E-mail: chancenter@gmail.com

法鼓文化

國家圖書館出版品預行編目資料

大乘止觀法門之研究 / 聖嚴法師著. -- 四版. --
臺北市：法鼓文化, 2024.03
面；　公分
ISBN 978-626-7345-19-1 (平裝)

1. CST: 天臺宗

226.42　　112022070